民衆にとって政治とは何か

和田伸一郎

人文書院

民衆にとって政治とは何か　目次

民衆にとって政治とは何か

序論　街路への権利

二〇〇八年六月、秋葉原通り魔事件

二〇〇八年六月八日、東京、秋葉原の街路で七人が殺害される通り魔事件が起きた。この事件は、容疑者が派遣社員であったことから、厳しい雇用環境に絶望したのではないかというところに犯行動機を見いだせる点や、犯行直前まで犯行を予告する文章を、個人的な悩みや職場へ不満などの文章を含めて、インターネット上の掲示板に書き込んでいた点などから、近年の「格差社会」問題や、インターネットという新しい情報環境にある種の居心地良さを求める近年の若者の内面性などの問題に関連づけられ、話題になった。

そこでは様々な論者たちによって様々な議論が行われたが、そこで注目されたことの一つに、容疑者に対し無差別殺人という犯行そのものは絶対に許すことはできないとしながらも、共感できる部分があるという人たちが少なからずいたことである。

光市母子殺害事件の被告人である若者に死刑判決が出た直後もあって、世論的には、凶悪殺人事件に対し、厳罰化（死刑）を求める声がいっそう強まってきていた中で、秋葉原の事件の容疑者には、厳罰化を求める声どころか、共感できる部分があるという意見が少なくない数で観察されたことはちょっとした驚きに値することだった。歩行者天国での昼間の無差別殺人であったにも関わらず、「彼を追い詰めた格差社会を問題にしなければならない、彼もまたその犠牲者なのだ」というような意見が言われたのである。街路を歩く人びとを無差別に殺した容疑者の非情さよりも、容疑者を追い詰めた社会の非情さの方が、いっそう許し難いということなのだろうか。もしこのように考えられていたとすれば、共感するこれらの人びとは、容疑者が、自分たちの格差社会への恨みを晴らしてくれたと感じたのだろうか。この無差別殺人事件に無意識的な満足すら覚えたのだろうか。

しかしもしそうだとするならば注意しなければならない。というのも、この場合の共感は、殺人をどんな理由であるにしろ肯定するからである。これは殺された犠牲者とその遺族には受け入れられないものだろう。

たとえ、容疑者が格差社会から肉体的あるいは精神的損害をどれほど受けていたとしても、だからといって殺人が許されていいわけがない。ここで重要なのは、容疑者の不満を、殺人以外の手段で解消できなかったのかどうかを考えることしかない。さしあたり、格差社会への初発の不満を個人的な恨みや劣等感へと内向的に狭めてしまうのか、それとも、公的な事柄としての格差問題への集団的な怒りへと外向的に広げていくのか、という二つの方向を考えることができるだろう。この区別は重要である。

それでは、彼の行為のなかに、後者のように、少しでも格差社会を変えたいとする政治的な意図が含まれていたといえるだろうか。その行為に、(労働問題という) 公的な事柄への訴えかけの代表者的な感情が含まれていたといえるだろうか。

結果から見て、彼が向かったのは後者の方向ではなく、前者の方向だった。彼は、初発の不満をこのようにしか解消できなかった。しかしこれは彼だけの弱さだろうか。それとも他の人たちにもあるかもしれない弱さなのだろうか。つまり潜在的な不満が、彼がしたような顕在化(具体化) のライン (=殺人) をたどることは他の人でもありえることなのだろうか。しかし逆も考えられる。潜在的な不満が、彼がしたのとは異なる顕在化を遂げる場合もある (=政治化)、と。そうすると、なぜある人は前者へと向かい、別の人は後者へと向かうのか。あるいは、人を前者へと向かわせるような構造が今の日本の社会にあるということなのだろうか。これを個人の人格の問題としてではなく、もっと大きな枠組みから考える必要がある。

社会的なものの閉域性

なぜ、彼は不満を集団的な怒り（政治化）へと発展させることができなかったのか。これに関して、社会構造の閉鎖性という側面から考えてみよう。

〈社会的なもの〉（ハンナ・アレント（一九〇六―一九七五　ドイツ出身のアメリカの政治哲学者））とは、保護する空間である。それはより貧しい者、より弱い者に保護を与える。社会保障、セーフティネット等々がそうである。しかし、この保護されることと引き替えに、人びとは重大な《自由》を取り上げられることになる。それは、政治への参加、つまり公的事柄の取り決めに発言する資格であり、この自由が奪われる（労働者派遣法、介護保険法、ホームレス自立支援法等々に民衆の声が反映されているなどといえるだろうか）。というのも、政治が行われる公的領域は、〈社会的なもの〉の《外》にあるからだ。公的な事柄の取り決めは、政治家、財界、官僚ら少数のエリートらによって行われ、〈社会的なもの〉の内部にいる人びとは、構造的に、その取り決めの舞台にアクセスできないようになっている。

もちろんここで、国民には「主権」が与えられており、議会を通して「主権」を行使できると反論があるだろう。しかし実際はそうではない。確かに、選挙に投票する権利が与えられ、政党を選択する自由が与えられているかに見える。しかし選挙とは、アレントやジャック・ランシエール（一九四〇― フランスの哲学者）が言うように、原理的にいって、下から意見をくみ上げる制度であるよりもむしろ、上からの意見を選挙民に承諾させるための制度なのである。ランシエールのいうように、代表制とは、実際には、少数の特権階級が自分たちの支配を維持するための寡頭的なものなのである（これについては第二章で述べる）。

政治的無力化

こうして公的領域での取り決めに発言する資格を奪われながら、〈民衆 people〉に許されているのは、〈社会的なもの〉の中で、おとなしく〈住民 population〉として投票に赴いたり、社会調査に答えたり、あるいは社会的な保護が自分たちに十分になされていない場合に、「クレーマー」になってそれに対して「苦情」をいったりすることぐらいである（クレームをつけることが、企業幹部や政治家などを辞任に追い込むほどの力をもつことがあるが、これは民衆の政治的な力というよりは、あくまでばらばらな個人の私的な不満の集積でしかない［補遺参照］）。

こうして不満の声は置き換えられ、孤立させられていく。そうなると、さらに次のように行き詰まっていく。すなわち、公的舞台で話すことを諦めた人間によって社会的なものの内部でつぶやかれ、わめかれる愚痴や苦情は、ますます私的なもの、個人的なものとなっていくと同時に、汚い言葉になっていき（インターネット上のある種の書き込みに人が見いだすように）、住民同士が互いにいがみ合うという事態に行き着く。

民衆はこうなるように仕向けられているのだが、ここにこそ特権階級による〈侮辱〉（ランシエール）を見いだす必要がある。ここにあるのは、貧困などの社会的疎外よりももっと深い政治的疎外である。政治に関わることが許されないということ、不満があっても公的領域の取り決めが行われる舞台に上がって、発言する資格が与えられていないこと、これは〈政治的動物〉（アリストテレス）であることを認められないという、民衆全員への侮辱を示している。古代ギリシアの奴隷たちのように。

たとえ、公的な舞台で声を発したところで、聞く耳をもたれない、あるいは、うるさい騒音としてしか聞かれない、あるいは「自業自得」と言われて済まされる。つまり民衆は、不正についての感覚を表明する言葉を話す動物としての〈人間〉とは認められていない。ここにこそ、侮蔑された民衆の無力さ、徒労感と、おそらくは惨めさの理由がある。

秋葉原事件の容疑者が、「誰かにとめてほしかった」「自分のことを知ってほしかった」と供述していることについて、「社会的承認を求めている若者はたくさんいる」というように、これを若者問題として一般化する社会学者、心理学者たちがいる。ここで問題なのは、承認という機制、あるいは疎外という機制が取りこぼす、民衆にとっての重要な論点である。それは何か。それは、承認する決定機関、疎外する決定機関という問題機制が、最初から民衆を主体ではなく、客体として設定してしまうことである。そうすると、人は社会的なものの中では、承認される〈対象＝客体〉、〈疎外の対象＝客体〉である以上の身分をもてないということになってしまう。

　つまり、承認、疎外という論点は、民衆が、政治的〈主体〉として自分たちに何ができるかを考えるための舞台を最初から除外してしまう。民衆は、貧困に追いやられているという状況、政治的に無力にされているという状態にあるが、承認、社会的疎外、心理的孤独という論点は、こうした状態から脱するべく、政治的に力をもつにはどうすればいいかという問いを立てる場所を最初からもたないのである。つまり、政治的な力をもつ場所としての《外》は、承認や疎外や貧困や孤独を問題にする〈社会的なもの〉からは、つねにすでに抹消されてしまっている。

　したがって、社会問題という問題機制は、それ自体において、民衆から政治を奪うことに貢献していないとはいえないのである。というのも、政治的動物として認められないまま、社会的なものの内部に閉じ込められた人びとは、《外》に対して不満や願望の声を発するための手段をもたないがために、時として外向的破壊 explosion（犯罪など）、あるいは内向的破壊 implosion（自殺など）に向かうことがあるが、社会問題化とは、これを観察し、これらの破壊の原因を、社会的なものの中にだけ見つけ出すことに終始するからである。

　これに対し、内向化する（不満のような）情動を、《外》との接続へと向け直そうとするのが、民衆の政治（ランシエールのいう《デモクラシー》）である。

派遣社員やフリーター、ニートたちの問題とは、貧困による疎外、社会的な孤独、心理学的な無気力といった〈社会問題〉ではなく、政治的な分割問題、つまり、支配を維持するために、それに反対する人を無力にしておくという分割の政治問題の結果だと考えた方がいい。貧しいということよりも、それ以前に、民衆が政治的に全く無力であり、（少数の特権階級による）支配に何ら影響を及ぼさない人間にされていること、彼らをそのようにしておくことで利益を得ている一握りの特権階級がいること、が問題なのである。

したがって、これは派遣社員やフリーター、ニートたちだけの問題ではない。ネオリベラリズム（新自由主義）的政治経済体制（第一章参照）へと国家全体が適応させられていくなかで、しわ寄せを受けているすべての人びとの問題なのである。そうすると、この問題を「貧困問題」と捉えること自体が、ある種操作になっているとも言え、貧困層にだけ光を当て、救いの手を差し伸べようとすること自体が、問題のすり替えになっているとも考えられるだろう。

とはいえここですぐに付け加えておきたいのは、貧困問題にあたる人びとの活動が何か非本質的ものだと言いたいわけではないということである。もちろん、最近のいわゆる「派遣切り」の場合にあったように、住居を失い食べることすらままならなくなった人々を救済することは、現実問題として必要である。問題は次のところにある。こうした救済の対処に当たった人びとの活動は、政治的活動のカテゴリーに入るはずのものであるにもかかわらず、〈社会的なもの〉の中では、その活動は、政治性をはぎ取られ、他の人びとの関心を引かないような、分断された社会的なボランティア活動と見なされてしまっている、このことこそが問題なのである。(1)

政治的な問題の末端に位置する貧困が、何によって、誰によってもたらされたかを考える全

---

(1) 社会的なものの中では、政治的活動が分断された活動にされてしまうことについては、道場親信が日本の戦後の市民運動の歴史を辿る中で、市民運動からどのようにして「運動性」が消去されてきたかを、いくつかの重要な論点の整理を行いながら論じている。道場によれば、運動性は、九〇年代以降の「ＮＰＯ」化によって、支援体制が強化される中でかえって失われてしまったところがある（すべてに当てはまるものではないにしても）。例えば、そこでは、市民運動がかつてもっていた「理念性、批判や抵抗の要素は閉めだされて、一面的な「参加」「パートナーシップ」ばかりが論議され［…］「市民」は予定調和的に行政や企業と協働するものとあらかじめ位置づけられてしまっている」（道場 2008：207–208）。また道場によれば、こうしたことの背景として「ネオリベラリズムによる公的セクターの縮小・「民営化」の動向が存在して」（道場 2008：209）していることや、これに伴ってＮＰＯが単に「下請け化」していることを、多くのＮＰＯ活動家が指摘している。

この運動性の消去が示しているのは、消去しなければ、社会的なものに受け入れてもらえないという風潮が支配的だということである。かつては、「普通の市民」にも運動への理解があった。しかし今日の市民に現れつつあるのは、運動家を「プロ市民」として揶揄の対象にするような、（左派的な）運動を忌避するポピュリズムに賛同する人びとであり、運動とのつながりを自ら断ち切るような安寧な空間へと待避することを望む人びとである。この今日的な左派的なものへの嫌悪については第四章で論じるが、とりわけ終章では、それを〈現実的なものへの嫌悪〉という二〇世紀末特有の病として論じる。

体的思考なしに、民衆の政治はありえない。ここで重要なのは、弱者の悲惨を知ることよりも、分断され、妨害されている《外》への接続へとどうやって人びとを導くかである。

では、この場合の《外》への接続とはどのようなものだろう。社会的なものの内部で、人は、選挙に行って投票したり、相談窓口で相談したり、苦情電話したり、ネットに書き込んだりすることで、他人に意見が伝えられ、状況を変えることができると思っているかもしれない。しかしこれらは外への接続にはならない。これらは、意見が周りへと伝播していくことを防ぐために、意見の通路を個人化し、ばらばらにして、お互いを隔てようとする巧妙なシステムだと考えたほうがいい。

ここで必要となってくるのが街路である。というのも、街路は人びとの不満の声を一つの共同空間で響き渡らせる共鳴箱として機能するものだからである。そしていつの時代も、街路で民衆が誕生してきた。

街路への権利

秋葉原の街路にも、公的領域を出現させることができるだろう。つまり、デモなどによって、そこを、多くの他の労働者たちが共有する問題を提示する場所、聞く耳を持たれていなかった動物のわめき声を、不正を訴える人間の言葉として聞かせるものとする場所、存在しないと思われていた民衆がどこからともなく現れ出てくる場所にすることができるだろう（普段の秋葉原の街路は、他の街路と同じように、消費者たちが「通り過ぎるためだけの場所」、互いに行き交うだけでコミュニケーションの生じない脱政治化された場所なのだが）。

その代わりに加藤容疑者が行ったのは、秋葉原の街路を、社会的なものの中での私的な恨みの暴発の場として活用することだった。彼は街路を、社会的なものの外への出口として活用しなかった。

しかし、それは彼だけではない。私たちもまた、殺人行為は行わないにしても、街路に公的領域を出現させることができないままであることに関しては同じなのである。私たちは街路では、まだ〈住民〉であって、〈民衆〉になれずにいる。殺された犠牲者たちは、格差社会の犠牲であったかもしれない加藤容疑者によって殺されただけではない。街路に公的領域を出現させることができていない私たちにも責任の一端があるのではないだろうか。

これに対し、同じ時期に街路を、社会的なものの外への出口として活用することに部分的に成功した人たちがいた。つまり街路で〈民衆〉への「生成変化」を遂げた人たちがいた。すなわち、二〇〇八年六月に大阪の西成《にしなり》で暴動を起こした日雇い労働者たち、二〇〇八年七月にG8に反対するデモで不当に逮捕された若者たちである（ただし、マスメディアはほとんど報道しなかったが）。

西成では、ある日雇い労働者が警官たちに暴行を受けたことに対してなされた西成署への抗議行動が、暴動にまで発展し、数名の逮捕者が出た。また、札幌で行われた五〇〇〇人が参加した反G8のサウンドデモに対し、それよりも数倍の警察官が参加者たちを取り囲み、数名を逮捕した。

いつの時代でも、民衆が現れ、増殖するのは街路においてだった。そしてこの理由から、国家権力は街路を恐れ、犯罪や事故を防止する名目で、街路に秩序を敷こうとしてきた。つまり、民衆の政治的な活動を、「交通問題」として取り締まろうとしてきた。

デモの権利を与えるように見せながらも、しかし、政治権力にとって都合が悪いとなるとすぐに政治問題ではなく交通問題として取り締まろうとする（ポール・ヴィリリオ（一九三二―フランスの思想家））。なぜなのか。デモ行進などの民衆の政治的活動はそれ自体としては取り締まることはできない。取り締まる側は、政治的活動が暴力へと発展するのを待たなければならない。しかし、交通問題としてなら、暴力へと発展する前であっても、何とでも取り締まることができる（実際、西成の警察署前で抗議行動をとった団体代表の場合も、札幌のサウンドデモのDJたちの場合も、道路交通法違反を嫌疑の一つとして逮捕されている）。だからこそ、政治権力は、民衆の政治を無力にするために、交通違反の取り締まり強化を推進する必要があるのだし（表向きには、渋滞や交通事故を減らすためだが）、警察と癒着したマスメディアは交通事故を頻繁に報道し、住民の不安をあおって、取り締まり強化を正当化する必要があるのである。

こうして、交通違反の取り締まり強化は、いつしか、民衆から政治的熱狂の感覚を失わせ

（さらにはその感覚に罪悪感を抱かせ）、都市の街路は、ただ通り過ぎるためだけの空間、少しでも目立った行為をすれば、不審者扱いされるほど互いが分断された空間になったのである（ここにも、社会的なものによって保護されることを選ぶことによって奪われる《自由》がある）。

マスメディアによるヴァーチャルな霧と裂け目

八カ国の代表者が、自分たちの国以外の国々を多く含む世界の諸問題について取り決めを行うことに、いつ誰が賛成したのか。これに疑問を持ち始めた人たちが、とりわけ二〇〇一年のイタリア、ジェノヴァ・サミット以降、異議申し立てを起こしはじめた。存在しないとみなされていた反対意見を言う人びとが、街路へと姿を現し叫びはじめたのである。

マスメディアは、会議が行われることを、私たちにとってあたかも重要なニュースであるかのように報道する。ここにすでにある種の暴力が働いている。というのも、こうした映像は、あたかもそれに対して反対意見を持つ人など一人も存在しないかのように、国全体をヴァーチャルな霧で覆うからだ。

これに対し、インターネット上では、マスメディアが報道しない街路での民衆の声が、各種団体のホームページや個人ブログによって間接的にネット利用者たちに伝えられ、あるいは投稿動画によって、直接その様子を見ることができるようになった。こうしてマスメディアが国を覆おうとするヴァーチャルな霧に裂け目が入れられ、穴が空けられている。

会議が行われている山頂のホテルをはるか上方に見上げる形で、おそらく立ち入り禁止となっていたはずの洞爺湖の湖面から、静かに抗議行動を行う三隻のスワンボートのユーモラスな映像（http://tv.g 8 medianetwork.org/?q=ja/node/406）、あるいは、街路をふさぐ警官たちのジェラルミンの盾の壁に向かって、段ボールを山積みにしたリアカーを何度も激突させようとする日雇い労働者たちと、歓声を上げる周囲の人びとの映像（http://www.nicovideo.jp/watch/sm3658688）は、とりわけ近年のマスメディアでは決して放送されない類のものである。

こうした映像は、日雇い労働者への日常的なひどい扱いに、G８の勝手な取り決めに、誰も反対する者はいないとでもいうかのような、マスメディアによるヴァーチャルな霧に覆われた、装われた「平和」な空間、「コンセンサス」の空間に、〈不和〉、あるいは〈ディセンサス（不同意）〉の裂け目を入れる。

ここにあるのは、街路に民衆が現れる瞬間であり、人びとが住民から民衆へと生成変化する瞬間であり、社会的なものの閉鎖空間を打ち破って公的領域に踏み出し、舞台に上がって、不正を訴える人間の言葉（もはや苦情や動物のわめき声ではなく）が、特権階級の耳に聞かせるべく響き渡る瞬間である。

重要なのは、こうした失われた集団的な政治的熱狂をいかにして民衆の内によみがえらせるかということであって、最初から《外》を切り落とされた閉鎖空間での、つまり、最初から民衆の政治的可能性が取り除かれた街路での、社会問題化された加藤容疑者の私的な犯罪行為ではないのである。

第一章 〈社会問題〉化とネオリベラリズム

序論では、社会的なものに閉じ込められている〈住民〉と、その《外》へとアクセスし、異議申し立てを行う〈民衆〉との区別について触れた。

通常、人びとは〈社会的なもの〉の中で〈住民〉として暮らしている。しかし、住民という身分にあるのは複雑な政治力学の結果としてそうであるにすぎず、政権としては人びとが社会的なものの中でおとなしく住民として存在しておいてくれた方が都合がいいのである。そして結果的にこの状態が維持されるように、(たとえそれが意図されていない場合であっても) 様々な問題のすり替えが多くの領域で行われている。つまり、人びとが〈民衆〉として政治的主体化を遂げることを妨げ、政治化へと向かうはずの契機を別の主体化へと方向転換させる〈問題機制〉が様々な場面で働いている。

本章ではそのようなものとして、〈社会問題〉化という学問的機制と、経済的リベラリズム

という ある種の思想のからくりについて考えてみたい。例えば、「フリーター」という名は、まさにそう呼ばれる若者たちから政治を奪い、「社会的弱者」へと格下げさせる〈社会問題〉がつくり出した虚構的な名なのだというように。

〈社会問題〉化されるフリーター（派遣社員）

知られているように、もともとは八〇年代にアルバイト情報誌によって名づけたものだったのがいつしか、国政に携わるエリートや社会学者や経済学者、心理学者のような専門家の小集団によって用いられるようになり、フリーターは〈社会問題〉として議論されてきた。

しかし、当事者たちは「フリーター」というこの「侮蔑語」を、自分たちの身分を示すものとして本当に積極的に受け入れてきたのだろうか。むしろ〈社会的なもの〉のなかで、それを押しつけられ、そのような対象化のなかにやむを得ず自らの主体化を閉じ込めてこざるを得なかったのではないだろうか。

「フリーター」という名称は、〈社会問題〉という独特の問題機制の平面に適合的なものだからこそ一般化したということに注意しなければならない。フリーターの実存的（人）生が、社会問題化という特殊な枠組みのなかでしか扱われていないということに。本章ではそれとは別の枠組みである政治的主体という枠組みを通してフリーターと呼ばれる人々の別の側面に光を当ててみたい。

すでに述べたように、フリーターという名はそもそも政治的侮辱の呼称なのである。「おまえたちには公的な事柄の取り決めに発言する資格などない」とされている点において、政治的に無力にさせられているという侮辱を受けている。しかし、この政治的侮辱という外部から加えられるマイナスは、フリーターという社会問題化のフォーメーションによって、保護がもっと必要な「社会的弱者」、あるいは努力をしない、道徳的に非難されるべき怠惰な人間という、内部からやってくる（と想定される）マイナスへとすり替えられてしまうのである。ここで考えたいのは、このすり替えを元に戻し、政治的に不利だという感覚を取り戻すことである。

理論的に次のような配置をとる。〈社会問題〉という平面からフリーターを引き抜き、政治としての〈デモクラシー〉という別の平面に帰属させ直すことを考えてみる場合、そこにはそれら具体的な平面に帰属する前の、未規定のなまの実体としての民衆（としての労働者）、まだフリーターと名づけられる前の可能性そのものとしての〈民衆〉（としての労働者）がいる、ということが理論的に仮定されねばならない。

この仮説は、直ちに、未規定のなまの実体としての民衆が、フリーターという名によって弱者にされてしまう社会問題化の平面とは別の平面へと具体化される可能性があることを示唆してくれる。とはいえ、ここでは別の名とは何かについてのアイデアを出すことはしない。この仮説を立てることのメリットは、フリーター問題を、〈社会的なもの〉の平面よりもましな、別の平面へと移動させて考えることを示唆してくれることにある。

とはいえ、本質の部分は変わらない。つまり、民衆が自らの属する共同体とずれていることは変わらない。ただ、このずれをどのように生きるかは帰属する平面（ここでは社会問題の平面とは別の平面を考えようとしている）によって全く意味が異なってくるというところに光を当てたいのである。

社会問題としてフリーターが捉えられる時点で、問題がきわめて閉鎖的になってしまうことを私たちは知っている。例えば、〈社会問題〉化されると、ずれは例えば経済的「格差」と名づけられる。エリートや専門家たちは、これを小さくするためと称して様々な議論や提案をする。「格差をなくすべきだ」、あるいは「格差はあって当たり前だ」、あるいは「格差などなくなるはずはない昔からあったものだ」というような仕方で、ずれは肯定されるにせよ、否定されるにせよ、階層化される。あるいはこのずれは、世論による冷たい視線の温度差として表現される。つまりフリーターの存在は、社会に適応した正社員から外れた、無気力な若者の姿として可視化され、彼らの言うことはやる気のない言葉として言表化される。あるいは、このずれはフリーター自身には自らの主体的感情（希望のなさ、惨めさ、あきらめ等）として生きられる。

しかし、ずれの以上のような三つの局面での、物象化（階層論）、知覚化（他者論）、経験化

〈自我論〉は、ずれが〈社会的なもの〉の平面へと現実化されるなかでもたらされた操作にすぎない。それとは別の平面への現実化によってずれは全く別のものになる可能性があるのである。例えば、惨めさの感情が政治家や財界人、官僚たちが隠し行っている不正への怒りへと転換される可能性が。

つまりここでは、いわば根源的な（深層の）ずれと、何らかの平面上に現実化された場合の具体的な（表層の）ずれとを理論上分けることができる。根源的なずれとは、民衆という政治的主体と共同体との間のずれ（これについては後で述べる）のことを指すのに対し、具体的なずれとは、例えば、フリーターと富裕層との間の、収入の格差のことである。

この二つのずれの区別によって得られるのは、次のような可能性が示されることである。すなわち、フリーターがおそらく感じているだろう苦しみは、根源的なずれが社会問題という平面へと翻訳されることによってもたらされたものにすぎないが、フリーターが別の平面で政治的主体化を遂げることになった場合（このときもはやフリーターという名とは異なる名を持つ集団になっているだろうが）、もしかすると、根源的ずれは、苦しみではなく、怒り、熱狂、興奮、楽しみ、喜び等々の積極性をもった何かとして生きられるかもしれない、という可能性である。[1]

フリーター問題が政治的〈デモクラシー〉〈〈民衆〉としてのフリーターが公共の事柄に口出しすること〉へと接続されることを阻止し、社会問題（若者のアイデンティティーの問題、地域社会あるいは家族問題等々）や社会保障問題、格差問題というような〈社会化〉された領域に囲い込まれていることで得をしている人々（エリート、専門家といった少数者）がいるということに注意しなければならない。

とはいえもちろん、社会的なものの平面を人間の（人）生から捨象して考えるべきだ、といいたいわけではない。

人は社会で生活していかねばならない。これを避けることは難しい。しかしこのことはただちに、すべての人々は社会的存在者でのみあるということを意味しない。社会で生活していながら、人は社会の手前、向こう側でも生きている（例えば精神分析学者ジャック・ラカンは、人間の欲望の水準を大きく三つに分けた。人間はまず動物的〈欲求〉をもつ。次に、理性的にそれをもつことをいいか悪いか思い悩むような〈欲望〉をもつ。三つ目に、人間は自分でもそれが何か分からない〈欲動〉（衝動）をもつ。人間は社会的に承認された欲望だけを生きているのではなく、承認されにくいような欲動の水準でも生きている）。

つまり、人は社会的存在者であると同時に、つねにすでにそれ以下でも以上でもあるはずだ。社会問題化が行っているのは、〈社会的なもの〉からはみ出たこの領域の多くを考慮に入れないことなのである。例えば、先にも述べたように、共同体とのずれを経済的「格差」と翻訳することは、人間の生を経済的生活の領域にのみ制限しようとする操作によるものである。

本章は、社会的領域以外の領域に政治的主体という枠組みを通してアクセスしようとするものである。ランシエールはまさにこれを行い、社会的水準をはみ出して生きる〈民衆〉の「デモクラティックな生」というものを定義しようとしている。改めて住民と民衆の違いについてもう少し詳しく述べながら、それについてみておこう。

住民と〈民衆〉

ランシエールによれば、〈民衆〉（フリーター）の存在論的身分を明確にするやり方には二つのやり方がある。一つは社会学的、経済学的な仕方であり、もう一つは政治‐哲学的な仕方である。前者は、共同体の構成員を〈住民＝人口 population〉として統計学的に分類、計算する。年齢別、男女別、職業別等々。ここで計算に入れられるのは、正しく「社会に出た」会社

（1）ところで、フリーターでありながら、共同体とのずれを、富裕層との格差（否定的意味）、他者からの蔑まれる視線（否定的意味）、自分自身の惨めな感情（否定的意味）へと自動翻訳してしまう社会的なものの平面とは全く別の平面へと再意味化することに成功している希有な例として、松本哉《はじめ》の実践を挙げることができる。『貧乏人の逆襲』『貧乏人大反乱』などに記されている彼の経験、実践は、フリーターたちの存在に否定的な意味づけをする社会的なものの空間とは全く別の、肯定的な空間を描いている。自分が住む空間を貧乏人でも楽しく生きることができるような空間へと変貌させている。

もちろん、政治権力からすれば、このような存在は自らの維持にとって都合が悪い。社会問題化の俎上に上げて、その意味づけに従ってもらっているほうが都合がいいのである。

員や公務員といった人々である。しかし、そのような計算法では割り切れない〈余り〉、分類できない部分がどうしても出てくる。例えば、年収二〇〇万円以下の人びとなどは、「立派な社会人」というような共同体の構成員についての標準枠に当てはまらないとされ、したがって割り切れない〈余り〉とされる。そして、こうした人びとは「社会問題」とされる。

　この〈余り〉の部分に例えばフリーターという名が与えられる（この〈余り〉がどれぐらいの大きさになるのか、つまりフリーターの数は増えているのか、それとも減っているのかといった議論にたいして意味はない。〈余り〉とみなされることが問題なのである）。

　とはいえ、「良識的な」社会学者、経済学者は、フリーターという名称のなかにあまりにも多種多様な人々が区別されずに詰め込まれているという彼らなりの良心にもとづく理由から、さらにこの部分を細かく分類しなければならないとし、職を探しているのかそうでないのか、働く意欲があるのかないのか等々といった区別をもち込む（しかしここでもち込まれた細かい区分が、共同体内の構成員を割り切れるものにすることは、ない。ある社会学者はフリーターと名づけられた人々のなかでも、どうしても割り切れない部分に「犯罪親和層」といった名称を与えている。ここに「良識さ」の裏面にある差別意識があからさまに露呈している）。

　あるいは、さらに分類するだけではない。社会－経済学は、社会保障を充実させる、職業訓練の機会を増やす等々を提案することによって、彼らがフリーターから脱却することを促す。しかしこういった提案、措置は結局、〈余り〉の部分に属する人々を、再び共同体の承認された枠に再組み込みする操作でしかないだろう（「フリーター」と名づけられる人びとにとって重要なのは、社会内で承認された枠を超えたところで自らの生を肯定することである）。

この操作が前提としているのは、社会‐経済学が、〈余り〉のない共同体なるものを信じているということである。この学問領域は、〈余り〉の部分をゼロに近づけることを目標とする。〈計算する〉ことに疑問をもたず、割り切れるものだと信じている。フリーターから脱却したいと望んでいる当事者たちは、この〈余り〉のない共同体を信じ込まされている。

これに対しランシエールは、〈余り〉が出ることが問題なのではなく、〈余り〉の部分を導き出している計算法（思考法）それ自体が間違っていると考える。〈間違い tort〉を含むことなしに、計算がうまくいくことはないのだ、と。

ランシエールが、社会‐経済学によって計算可能とされる〈住民＝人口 population〉に対置するのは、政治‐哲学の〈民衆 people/demos〉（ここでのフリーター）という名称である。〈民衆〉とは、それなしでは計算がうまくいくはずはないその〈間違い〉を露呈させるいわば「エージェント」である。統計学的な計算の振る舞いは、どうしようもなく〈間違い〉を内在させており、〈民衆〉（フリーター）とはその〈間違い〉から捏造された部分なのである。

ランシエールは構造主義的な意味での「構造」の概念に依拠しながら、〈民衆〉（フリーター）を、その計算する構造の内在的欠陥が実体化されたものだと考えている。

つまり、フリーター（〈民衆〉）は一つの階層ではない。

フリーターは共同体のなかの、属性にしたがって分けられた様々な分類枠の名称の一つではない。計算の構造的ゆがみ（間違い）そのものの名称なのだ、と。

このように考えてくると、〈民衆〉は共同体についての計算法、一つの思考法それ自体の間違いであるという点において、共同体全体の正しさを負っているといえる。

したがって、フリーターが対立するのは、富裕層という上位の階層ではない。[2] 対立するのは、共同体を間違って計算、算出しようとする計算することそれ自体なのである。そして、この計算することに反対することにおいて、〈民衆〉（デモス）とは、共同体全体にとっての〈正義〉そのものなのであり、この反対の推進力が〈デモクラシー〉なのである。

この構造的欠陥の〈代補 supplement〉[3] として、フリーターという名称が設けられ、そこに多くの若者、別の場合には女性たち、さらに高齢者たちが、（「ポリス的秩序」の）構造の正当性を維持するための犠牲として、放り込まれているにすぎない。これさえなければ計算の構造はうまくいくはずなのに、と計算する者は口にするだろう。割り切れない余りの部分は、「（社会）問題」なのだ。

社会‐経済学者が、おそらく善意によってフリーターを減らそうと力を尽くしているその努力は、裏返せば、計算を妨害する〈余り〉へのいらだちであるだろう（とはいえ、すべての社会学、経済学が「ポリス的秩序」に奉仕するわけではないだろう。これに奉仕しない社会学、経済学を考えなければならない）。

したがって、〈民衆〉とはこの計算する構造がそれ自身において完結しようとすることを阻む共同体の〈正義〉の契機である。フリーターと名づけられる若者たち、シングルマザーたち、医療介護を必要とする高齢者たち等々。しかし、フリーターだけが社会問題とされることで消されてしまっているのは、正規社員も同じ問題を抱えているという事実である。

正規社員／非正規社員という区分への疑問

民衆を、共同体についての特殊な計算法の構造的ゆがみと考えるこのランシエールの考え方が明らかにしてくれるのは、共同体の構成員の中でも少数の、いわゆる社会的弱者だけが民衆なのではないということである。

先述したように、フリーターなどはその間違った計算では割り切れない部分、カウントされない余りに相当する（もちろん、正社員と同じ仕事をしながら給料がひどく低いというケースなどか

（2）ランシエールは、富裕層は階層を維持しようとする限りにおいて政治の否定そのものだと述べている。「紀元前五世紀のアテネからわれわれの政府にいたるまで、富める者の集団は、たった一つのことしか述べないだろう——それは、きわめて厳密に言って、政治の否定である。すなわち、分け前なき者に分け前はない、と。」（ランシエール 1995＝2005：38）念のためにつけくわえておくと、富裕であるから政治の敵なのではなく、〈余り〉をはじき出す計算を支持することにおいて敵なのである。

ら分かるように、彼らはカウントされるべきなのにカウントされない、あるいは、分け前を与えられるべきなのに与えられていないというところで、この計算法は間違っていると主張できる）。

しかしそれ以外に考えられるのは、共同体についてのその間違った計算で割り切れた部分、つまりカウントされた部分（例えば、相当の年収を得ている立派な「社会人」という標準枠）の中にも、そもそも割り切れないものがあるはずなのに、無理矢理割り切れるものにされた部分があるかもしれないということである。どういうことだろうか。

例えば、二〇〇五年に経団連が提言を行い、結局反対が強く導入が見送られるに至った「ホワイト・カラー・エグゼンプション」（ホワイトカラー労働時間規制適用免除制度）という制度は、労働時間による給与の支払いという従来の枠組みを撤廃し、成果に応じて給与を支払うという、ネオリベラリズム的な方針に則ったものだったが、この制度が意味するのは、「一日八時間、週四〇時間」という労働基準法が定める労働時間の枠が撤廃されることによって、割り切れない余りの部分にあたる残業代を無理矢理割り切れるものにするということである。ここで、この制度が対象にしようとしていたホワイトカラーという階層の人びとにとって、この制度が依拠している計算法は間違いだと言うことができるだろう。

結局のところ、国家がグローバルなネオリベラリズム的政治経済体制へと適応させられることによって、非正規社員であろうと、正規社員であろうと、特権階級を除いたすべての労働者たちがしわ寄せを何らかの形で受けているのであり、このしわ寄せを不当なものだと訴える者たちが民衆ということになる。

フリーター、なかでも日雇い派遣労働者は、工場などで、繁忙期だけ徴用され、それ以外は強制的に休みをとらされるか、別の仕事に回される。市場原理主義に付き従う生産体制の中

(3) ランシエールが用いているこの代補という概念は、知られているように、ジャック・デリダ(一九三〇—二〇〇四)のものである。この概念については、林好雄、廣瀬浩司が、非常に明快に要約してくれている。
「この「代補」の概念には、デリダの基本的な手つきが集約されている。デリダは主流・正常とされているあるシステム(デリダはむしろ「エコノミー」という言葉を好む)を、たんに「補う」ものとされる二次的なものに注目することから始める。そしてこの「補い」が、実は「本体」のシステム内部を侵食しており、その区別が決定不可能であることを示す。この決定不可能性の場において、本体と補いとが逆転し、補いが本体に「置き換わる」のだ。デリダが見きわめようとするのは、代補というものではなく、むしろこの逆転という出来事である。この出来事において、正常でも異常でもない、新たな身ぶりや言語が発明されるからだ。この発明の際には、理想や目的など、外的な規範に頼ることもできなければ、たんに主流となるシステムを破壊することに満足することもできない。それは外部と内部の境界にとどまり続けることによってのみ可能な、不可能な発明なのである」(林、廣瀬 2003：106)(強調原文)。

ランシエールのいう民衆は、ここで言われる「補い」にあたる(そして「補い」という身分は、社会的なものの中で与えられている派遣社員の身分そのものである)。とはいえ、「補い」は単に中心に対する周縁のようなものではない。なぜなら、周縁と中心は「逆転」するからである。そしてまさに、この「逆転の出来事」こそ、ランシエールのいう、デモス(民衆)によるデモクラシーなのである。しかしまた、この場合、逆転とは政権を転覆するというようなことではない。第五章で述べるように、この逆転の出来事は、ランシエールが、デモクラシーの目的として定式化する「支配の中断」に相当する。

で、フリーターはこのようなしわ寄せを受けている。

しかし正社員もまた、しばしば過酷な残業を強制される点において、しわ寄せを受けている（すでに残業代を支給されていない人びともいる）。毎晩深夜に帰宅し、家族との時間や余暇の時間のみならず寝る時間も十分とれずに、休日も出勤させられ、というような過剰労働という形でしわ寄せを受けている。

さらに、近年問題になってきているのが「名ばかり管理職」である。中間管理職という身分を与え、少ない手当を与える代わりに、残業代を支払わずに済ませるという、人件費削減のために企業が考え出したトリックである。

こうなると、正規社員、非正規社員といった区別にはあまり意味がなくなってくる。というのも、しわ寄せを受けている点では両者とも同じだからである。給料が安く不安定だが余暇の時間がとれ、責任が軽くてすむ職か、安定し給料も悪くないが超過労働と重い責任を強いられる職か、という選択があるだけであって、ある人びとは後者を選ぶが、別の人びとは前者を選ぶといった区別しかない。

こう考えてくると、後者が階層としては上で、前者が下であり、下の階層の人びとが、上の階層にいくチャンスが奪われている、というような議論も疑わしくなってくる。というのも、フリーターになる人びとには、正社員になることを自ら拒否した人びとが少なくないように思われるからである。いくら安定し、高収入を得られるとしても、自由に過ごせる時間を奪われ、過剰労働を強いられ、重い責任と、厳しいノルマを課されるよりは、不安定で収入が少なくてもそのほうが自分はいい、というように。あるいは逆に、正社員の場合は、不安定で先のない身分であるよりは、いくら忙しくても、あるいはやりたくない仕事であっても安定した収入を得るほうがいい、というようになるだろう。

しかし、特権階級を除いて、いずれの場合も、しわ寄せの度合いが限界にきている。したがって、現在もしかすると到来しつつあるのは、このいずれにも行きたくないという行き詰まりではないだろうか。前者の中には、生存すら危うくされる人びとが出始め、後者にも、「名ばかり管理職」や転職を繰り返す若者だけでなく、過労死や自殺者、鬱病患者の増加などの問題がすでに出ている。(4)

---

(4) 近年のネオリベラルな市場原理主義の導入にしたがって、日本企業はそれまでの雇用慣行を改変して、リストラを行い非正規社員を増やしてきた。これによって、まず何よりも「派遣問題」が生まれた。しかしそれだけではない。正規社員自体にも危機をもたらした。すなわち正規社員の「抜け殻」化である。

コスト削減を優先させるべく、会社は、正規社員を減らして非正規社員を増やしたり、あるいは作業を外部委託するようになるが、これらのことによって様々な問題が生まれている。ある会社では、正社員では何もできないようになり（番組がつくれないテレビ局やプログラムが書けないIT企業など）、また別の会社では、作業ミスが増えたり作業効率が悪くなることによって、結局正規社員の負担が増え、抜け殻化をもたらしている。これについては、民営化が導入された郵便局で、その兆候が現れつつある。「遅配、誤配は言うに及ばず、未配達の郵便物を捨てたり、金品を抜き取ったり。にわかに信じがたい犯罪行為が続発している。」（「日経ビジネス online」二〇〇八年一一月一〇

いま現在、前者が問題化しているかに見えているが、これは、後者のケースが関知されにくいということを示しているにすぎないのではないだろうか。というのも、前者の場合、収入が低いことは数値ではっきりと表れ、それがダイレクトに生活の貧しさになって生きられるものとなるが、後者の場合、過労や睡眠不足、ストレスは病気にでもならなければ顕在化しないし、家庭崩壊が起きるにしても、そのことと夫の仕事との間に因果関係があるかどうかをはっきりさせることは難しいからである（これらの受け皿となっているのは、医療機関や心理カウンセリング、法律相談を受け付ける弁護士だろう）[5]。また、転職率が高くなっても、失業率や非正規雇用の比率のようには問題にされない。そしておそらくは、これらすべてが、守るべき安定した生活を失うことの恐怖によって耐え抜かれている。

したがって、前者だけを救済すべきだとする要求に共感するのはごく一部の人びとに留まるほかない。また、救済され、非正規社員から正規社員になったところで、以上のような行き詰まりがあるなら、問題の解決にはならない。そうなったところで、むしろ、問題が見えなくなるにすぎない。到来しつつあるのは、正社員にも非正規社員にもなりたくないというこの行き詰まりであって、この行き詰まりが示しているのは、変革しなければならない相手が、貧困や超過労働よりはむしろ、両者が押しつけられているしわ寄せの正体である特権階級からの侮蔑と、それを受けるがままになることによってもたらされている政治的に無力な自分自身の身体の方なのだ、ということである。

日「社員が壊れる【1】〝抜け殻〟正社員、派遣・請負依存経営のツケ」http://business.nikkeibp.co.jp/article/person/20081027/175268/?P＝3）。「捨てたり」、「抜き取ったり」といった行為は、極端なもので数は少ないとしても、遅配に関しては、二〇〇八年の年賀状配達において、「一月一八日までに日本郵政公社の相談センターに寄せられた苦情は、前年比二〇％増の二七四九件に及んだ」。

さらに別の会社では、捏造や偽装が行われたりするまでになる。例えば、二〇〇七年一月に起きた、関西テレビ制作「発掘！ あるある大事典Ⅱ」の捏造問題は、番組制作の外部依存が招いたものだった。「関西テレビは番組制作を日本テレワークに委託し、日本テレワークはさらに孫請けプロダクション九社に企画や取材、編集を再委託していた。関西テレビの社員として二人のプロデューサーがいたが、内容をチェックする複数の機会があっても捏造を見抜けなかった。調査や取材をほとんど丸投げしているのだから、何がどうなっているのか分からなくても、ある意味当然と言える。」（http://business.nikkeibp.co.jp/article/person/20081027/175268/?P＝1）。また、二〇〇七年に起きた耐震強度偽装問題の場合も、偽装は、政府主導で行われた建築業界の民営化がもたらしたものであった（これについては第二章で取り上げる）。

まだある。成果主義の導入によって、残業が増えてもそれが評価につながらなければ、減給される場合が出てくる。そして、減給を無理矢理免れようとすれば、場合によっては社員は違法行為に走るほかなくなる。また、手荷物検査やメールなどの監視化によって行きすぎた管理が行われつつあり、オフィスにいること自体が憂鬱になる。

以上、雇用問題は、非正規社員だけでなく、正規社員の領域でも、様々な局面で破綻が起きているのである。しかし、しわ寄せは、前者と後者とではタイプが異なるように思われる。非正規社員を圧迫するしわ寄せは、二〇〇八年の年末に「派遣切り」という形で現れた場合でいえば、住居を追い出され、食べることもままならない野宿者を生み出したという点で、権力によって、社会的なものの保護から見捨てられるという暴力が彼らに加えられたと言うことができる。これに対し正規社員を圧迫するしわ寄せは、彼、彼女らを社会的なものの保護の中に留め置きながら、前者だけでなく後者の人びとも限界に来ている苦しい状況に対して、両者共に異議申し立てを行うことが求められている。この要求の声を聞かせた上で、具体的に、前者は賃上げ、後者は仕事量の減少などをそれぞれ要求すればいい。問題は、社会的な弱さや貧困、あるいは労働の合理性の問題以前にある、各人が政治的に力を奪われている（と同時にそれを奪う誰かがいる）という平面にある。このデモクラティックな平面を捨象して、問題を社会問題、経済問題、あるいは政策の問題としてのみ論じるところに、混乱が生じているのである。

要するに、ここでの問題は、正社員と非正規社員とを分断し、敵対し合わせることによって、同じしわ寄せへの同じ政治的係争の芽が解体されてしまっているというところにある。しわ寄せを生み出し押し出す側（雇用者、あるいはその背後にある政府、官僚、財界、さらにはグローバルなネオリベラリズムを普及させようとしているG8の会議など）に対して、正規、非正規問わず被雇用者が共に係争化する契機が育たないようにされていることが。つまり、民衆同士が同士討ちをさせられていることが問題なのである。

社会学的な貧困問題論、弱者救済論は、いくら非正規社員を擁護することを意図しているとはいえ、彼らだけにゆがみが押しつけられているというような焦点化を行っている限りにおいて、民衆という単位を分断するだけでなく、敵対すべき相手を間違わせるという過ちを犯してしまっている。それだけではない。分断されているのは、正規社員、非正規社員の間だけではない。社会問題と対象化される弱者たち（フリーターとされる若者、シングルマザー、医療介護が必要な高齢者たち等々）自体もまた、それぞれ分断されている。学問的な専門分化は、「当事者」ごとにとって問題が別々のものだと感じさせがちだが、しかし、ここでの問題は、ネオリベラルな政策による同じしわ寄せに対する民衆による同じ拒否である以上、同じ源からくる、民衆すべてに共通する一つの問題なのである。(6)

「抜け殻」とする、つまり、身体は社会的なものの中にいながら、自分の何かが外へと抜け落ちてしまうという、見た目には分かりにくい暴力が加えられていると言うことができるだろう。

この「抜け殻」化は、ラカンがいう主体の「脱中心化」から理解できる。すなわち、「抜け殻」化とは、加えられる心的暴力によって人が、自己の中心を占める自己にとっての重要なもの（真実など）から自己自身が疎外されてしまう、あるいは自己が自己自身からずれてしまうことだ、と。そこで、人は、当然、そのずれを必死で埋め合わそうと努力する。しかし、まさにこの努力が、病理的な行為へと人を駆り立ててしまうのである。偽装や捏造やその他の犯罪への、あるいは自殺への、「行為への移行」（ラカン）が起きてしまうのはこのためである。

ここでの主張は、ずれを心理学的に一個人の症状や、法的に一個人の違法行為として解釈するだけでは足りないというものである。このずれを、〈政治的〉な平面にまで遡ることが重要なのである。

（5）労働者の権利を守るための相談活動などに取り組む法律家団体「日本労働弁護団」の事務局長である小川英郎弁護士のところには、「自宅で発作的に叫び出し、マンションから飛び降りかけた会社員が、妻に付き添われて相談に来」るというようなケースがある。小川弁護士によれば、「本人は疲れ果てて考える余裕を失っており、両親や妻が相談を持ちかけてくるケースも多い」。（「日経ビジネス online」二〇〇八年一一月一四日「社員が壊れる【5】社員酷使に未来はない」）。

〈デモクラシー〉とそれを置き換えるものとしての三つの政治

ここでは、構造のゆがみが社会問題化されることによって、格差問題、貧困問題、自己責任論など二次的なものへと置き換えられていることを問題にしようとしている。同時に、この置き換えを不当なものとして訴えることを、民衆に固有の政治的領域とし、この領域をどのように開いていくかを問題にしようとしている。

とはいえ、問題は複雑である。これまで社会化と政治化を便宜的に区別してきた。しかしランシエールによれば、二つはもともと同じ一つのものである。ここでの議論につなげていうと、ランシエールによれば、ずれを社会（問題）化することは社会学という一つの学問領域が行うものである以前に、すでにそれ自体があるタイプの政治によるものである。

つまり、このことが意味するのは、〈民衆〉の共同体とのずれが政治化される場合でも、なお、ずれが二次的なものにすり替えられて問題化されてしまうということである。

したがって、次に考えたいのは、どのような政治的すり替えがあるのかについてである。

ランシエールによれば、政治的〈デモクラシー〉を別のものに置き換えようとする政治には、大きく分けて三つのタイプがある。そのうちの二つは、すでに古代ギリシアのプラトン（前四二七—前三四七）、アリストテレス（前三八四—前三二二）によって考案されたプログラムである。これらはそれぞれ〈アルシ・ポリティーク〉と〈パラ・ポリティーク〉と呼ばれる。これらは、〈民衆〉の共同体とのずれを、〈民衆〉の政治の問題とは別の、二次的な問題へと

（6）　学問的な概念化（「フリーター」や「貧困」や「下流」、「社会的承認」等々）が、当事者自身の体験の内実を大きく左右するということが起こりうる。すなわち、共同体を割り切ろうとする計算に内在する間違いのゆがみからくる同じ痛みが、一方でフリーターにとっては否定的なつらさと感じられるのに対し、他方、正社員にとってはある種の充足感を伴ったつらさ（「忙しい」というような）と感じられる、というように。

つまり、もともと同じゆがみであったはずが、このようにアウトプット先で異なるものになりうるということなのだが、このようなことが起きてしまうのは、認識の枠組みを与えている学問レベルでの概念化の作業に問題があるからなのである。どういうことだろう。実際に体験されている格差社会のつらさというものは、経済的な不況や貧しい生活といった現実からやってくるだけでなく、それを認識するための枠組みにも左右されるのである。経験されるものはある程度は、それを意味づける概念的枠組みしだいで肯定的にも否定的にも生きられる幅をもっている。

例えば、先の註で触れた松本哉の世界観は、社会学などとは異なる枠組みを通すことで、社会的なものの内部では貧しく惨めだと意味づけされる現実を、肯定的に生きしかも敵が何かをよりクリアに見ることができることを示している。これと逆のことも言えるだろう。つまり、正規社員で安定した年収で家庭を持ち、マイホームを建て等々というような生活が必ずしも肯定的なものではない、というように（この点からすれば、現実そのものが操作可能な虚構なのである）。

ここで言いたいのは、学問的枠組みが現実をいかようにも生きる幅をせばめる役割を持ってしまっている可能性があるということである。松本の態度が単なる開き直りとは異なるのは、彼が既存の概念枠組みとは異なるものを通して生を生きているからである。つまり、概念枠組みが新たに創造されているからである。

置き換える二大プログラムとみなされる。つまり、デモクラシーが誕生した古代ギリシアにおいて、すでに現代的なすり替えの手法が考案されていたのだ、と。これらについて簡単に説明しておこう。

プラトンが完成させた〈アルシ・ポリティーク〉は、共同体内に政治の争いが生じさせないように、争いを取り除くべく作動する。そのために推奨されるのは次のことである。すなわち、共同体に属する〈民衆〉は、共同体の本質にかかわる善を追求することに向けられる。具体的には、〈民衆〉の自由を職人的な徳、すなわち節度を追及することへと向け、職人がそうであるように、〈民衆〉は自分の仕事だけに専心し、その割り当てられた仕事以外のことをしないことが善いとされる（これによってひそかに〈民衆〉から奪われるのは公共の事柄に参加し発言するための公共空間である）。

このプラトン的な〈アルシ・ポリティーク〉のプログラムが目指すのは、個人の性格（徳）と集団の習俗（共同体の善）を調和させることであり、これが近代になって心理学と社会学によって継承されたのである。

プラトンのアルシ・ポリティークによって練り上げられた「共和制」計画とは、政治的仕組みの構成要素を完全に心理学化、社会学化することである。（ランシエール 1995＝2005：120）

フリーター問題に引きつければ、「とにかく働いて社会に貢献しろ」という考え方は、労働することを徳とし、この徳を実践することが社会の善へとつながるのだというようにして、政治の争いを、一個人の徳の欠如を埋め合わせる、本人ないし他人の努力に置き換えるのである。次に、アリストテレスによって達成された〈パラ・ポリティーク〉であるが、これは、政治的な争いをこそ承認するが、しかしそれは〈民衆〉の争いを、「役職」に就いて「権能」を手に入れるための闘いへとずらす限りにおいてである。

これは近代になって国家権力と個人の「権利」の問題として継承される。〈パラ・ポリティーク〉は、国家権力の正当性を維持するため、争いがその正当性に向かないようにする。このためになされるのは次のことである。近代の〈パラ・ポリティーク〉は、〈民衆〉を団結させないよう、個人へと分解し、政治的係争を個人の「権利」の主張へとすりかえるのである。

共同体の計算する構造にとって〈余り〉とされる不特定多数の〈民衆〉は、構造に対して潜在的脅威となる（例えば、デモやストライキといった政治的活動を起こす場合）。これに対して近代の〈パラ・ポリティーク〉は、この集団的な熱狂を個人の「権利」要求という微細な単位へと分解することでもって切り抜けようとする。こうして例えば、デモやストといった運動が、役所の窓口での、住民の私的な不満と、組織の末端の窓口の人間の融通の利かなさとの間のいさかいへと切り縮められたり、設置された電話窓口への相談として回収されたり、などする。いずれにせよ、〈民衆〉という不特定多数の政治的、集団的熱狂は、個人と個人との私的な、感情的ないさかいへと分散させられるのである（ランシエールによれば、近代が個人の「権利」を発明した。「権利」とは共同体の〈正義〉をになう〈民衆〉と政治的係争との結びつきを追放するために生み出されたものである）[7]。

先に、社会的なものの空間が民衆の政治的契機をどのようにして無力化しているかについて論じたが、ここで分かるのは、そうした無力化が、いかに国家による入念な管理によって準備されてきたかということである。本章後半ではさらに、デモクラシー（民衆の政治）がいかに、近代以降の国民国家の台頭などと平行する形で、近代民主主義という制度へと変形されてしまったかについて見ることにする。

第五章で述べるが、ランシエールにとって〈デモクラシー〉とは「統治することの自明性を中断することであり、ある集団が自分たちに固有な素質を名目にして統治を行う能力を失墜させること」である。

これは、〈デモクラシー〉が、支配する者（政権）にとって最大の脅威となる形で〈民衆〉の力を発揮させる政治形態だということを意味する。

先の議論から分かるように、プラトン、アリストテレスにおいてすでに、脅威である〈デモクラシー〉を飼いならし、それにとって代わるような、政権に脅威とならない政治形態が発明されていたのである。

しかしそれにとどまらない。さらに近代になり、〈社会的なもの〉の台頭によって、政治がそのなかに吸収され、〈社会的なもの〉が政治を実践するものとしてそれに取って代わるなかで第三のタイプが現れる。これは〈メタ・ポリティーク〉と呼ばれる（とはいえ、すでに述べたように、〈社会的なもの〉はすでに〈アルシ・ポリティーク〉〈パラ・ポリティーク〉のプログラムに内包されていたものだった。前者は公衆道徳に基づくような共同体としての社会に対応し、後者は、六〇―七〇年代の社会運動（アメリカの公民権運動、女性解放運動など）や労働運動（イギリスの労働争議）において行われた権利獲得の闘争の社会に対応する）。[8]

(7) 近代以降の、民衆の政治的係争を個人の「権利」へと置き換える契機については、エティエンヌ・バリバールのいう「社会国家」でも説明されている。ここでは酒井隆史による整理を引用しておきたい。

「バリバールの定義によると、社会国家とは、「漸進的に階級間の、とりわけ資本と労働間のコンフリクトをノルム化するための諸制度をしかるべき場所におく国家」、すなわち、労働権、スト権、団結権、社会保障への権利を認証したり、さらに公教育、都市化と健康の政治、産業化の経済的政治、価格と雇用の管理、移民管理の政治を行使する国家のことである。社会国家においては、階級闘争はとりのぞかれるのではなく、むしろ「労働階級」の「危険性」を管理、抑制し、規律するために介入の度合いを深めることによって、階級間のコンフリクトから剝き出しの敵対の形態を引き剝がす。「こうした過程は公的領域と私的領域の融合、経済的なものと国家的なものの融合をもたらすことはいうまでもないが、さらに最終的には以前のどのカテゴリーにも還元不能な社会的なものという現実を生み出す」。公的なもの・私的なもののいずれにも還元不能な、この二つの領域が「融合する」ハイブリッドな「異様な空間」。社会的なもの……」（酒井 2001：98）（強調引用者）

ここまで〈社会問題〉化と呼んできたものは、実は、〈デモクラシー〉を別のものへと置き換えようとする以上の三つの政治的プログラムに区別できるのだが、現代社会における脱政治的状況をもっとも大きく牽引しているのが、この〈メタ・ポリティーク〉である。ではこれはどのようなものなのか。

ランシエールによれば、〈メタ・ポリティーク〉は〈民衆〉の共同体とのずれを〈症状〉（治療して取り除くべき病気）として解釈する。例えばずれを「格差」とみなすことがそうである。格差とは治療すべき病であり、この病を放っておけば大変なことになるというような仕方で議論される。しかし、こうした議論のやり方自体が、論者の意図するものでないとしても、ランシエールがいう、ニヒリズムに基づいた政治によって要請されているものなのである。共同体と〈民衆〉のずれは、生活の格差だけではなく、学歴の格差（貧しい家庭であることによって十分な教育を受けられなかったがゆえに低学歴に留まった）や団塊世代の老後問題（国のために一生懸命働いてきたのに年金をもらえない）等々にも見出され、告発される。

こういったリストは延々と続けられるが、しかしこのリストを増やすことによって、ずれをごまかし続けるのが〈メタ・ポリティーク〉のやり方である。

メタ政治［メタ・ポリティーク］は、政治的な仕掛けの矛盾や偽善を告発する。またこのメタ政治［メタ・ポリティーク］は、政治的な仕掛けの危機や終焉を予告し、それらによって隠さ

れている真理がそれに取って代わることを予告する。（ランシエール 1994＝1995：19）

〈アルシ・ポリティーク〉と〈パラ・ポリティーク〉を比較すると、〈メタ・ポリティーク〉

（8） ネオリベラリズムに内在する〈アルシ・ポリティーク〉と〈パラ・ポリティーク〉については、渋谷望、『魂の労働』（とりわけ、I―2「〈参加〉への封じ込め――ネオリベラリズムの権力論（1）」）を参照せよ。

ネオリベラリズムによっていまなお推し進められつつある国有企業の民営化や規制緩和のプログラムが開始されたのは八〇年代のイギリス、サッチャー政権においてだが、そこでそれが担わされていた大きな役割の一つは、当時のイギリスで大きな問題となっていた労働争議の力を分散させ、解体させることにあった。労働争議の力とは、デモクラティックな力のことだが、この集団的な力が個人主義へと分解されるべく用いられた政治戦略は、民衆を「労働者」という主体性のカテゴリーから切り離し、私的な「消費者」という主体性のカテゴリーに移行させつつ、「ライフスタイル」の選択の「権利」の主体となることに専心させることにあった。

さらにこの戦略は、ブレア政権のなかに受け継がれ、道徳的要素を媒介させることによってより巧妙化された。すなわち、産業構造の変化にフレキシブルに適応することが個人の「自己実現」の達成とみなされ、それは「社会参加」ともみなされるため共同体にとっても善いこととされたのである（渋谷 2003：55）。ネオリベラリズムでも旧来のレイバリズムでもない「第三の道」として推奨されたのは、民衆が市場原理主義的な産業構造の変化に適応することを、共同体の名において善であるとするような政治的置き換えに他ならない。もちろん、この推奨に従わないがゆえに生じた疎外は「自己責任」とされる。

ここで興味深いのは、「第三の道」の理論を提供したのが、（〈メタ・ポリティーク〉的な）〈症状〉に類似した形式概念、「再帰性」の提唱者でもあるイギリスの社会学者、アンソニー・ギデンズだということである。

の特徴はよりはっきりする。前二者の場合、政治的な争いが共同体の善を実現することや「権利」を主張することへと置き換えられていたとはいえ、政治の真理というものが実在すると信じられていた。〈民衆〉はどんな形であれ真理へと向かっていた。

これに対して、〈メタ・ポリティーク〉の場合、政治がいかに非‐真理の状態に留まっているか、それを多重的に解釈し続けること自体が政治となってしまい、この解釈の身振りのなかで真理は無限に先送りされ、もはや信じることのできるものではなくなるのである。

メタ政治のメタ政治たる所以は、そもそもその差異［ずれ］を秘密として措定すること、見せ掛けの人民［民衆］の隠された真理として「真の」人民［民衆］を措定すること、そしてこの隠された真理の知として自らを創設すること、ここにある。（ランシエール 1994＝1995：20）

なぜ「メタ」なのか。それは、ずれを〈症状〉（病）と解釈することによって、その裏に真理（健康な状態）があることが暗示されるのだが、この真理はどこまでも、明らかにされた〈症状〉の隠された裏面でしかなく、結局そのようなものは存在しないからである。

ずれはどこまでも秘密であって、それは〈症状〉として解釈される以外にはどうにもできないものでしかない。病んだ状態にあるとされるフリーターは、どんな病気（〈症状〉）にあるのかについての解釈を延々と聞かされること（病名をつけられること。格差が悪いとか）があたかも真理へと近づくことであるかのように、解釈を聞かされるがままになっている。しかしその先に真理は存在しないのである。

これに対し、ランシエールによれば政治としての〈デモクラシー〉は、ずれを係争化する。「秘密」の状態にあるずれを解釈するのではなく、行為化し、それを上演するための舞台を創設し、舞台にかけ、その主人公としてそれを演じるのである。

フリーターが生きる感情という局面に限った場合、〈メタ・ポリティーク〉の社会問題化のなかでは、フリーターはずれを〈症状〉として否定的に生き、解釈するほかない。それは往々にして、惨めさや希望のなさといった否定的な感情として生きられる。これに対し、政治としての〈デモクラシー〉においては、ずれは、状況を変えようとするある種の情熱、熱狂として肯定的に生きられようとする。

とはいえ、直ちに付け加えなければならないが、これは単なる行動主義の称揚ではない。では、係争としての政治的活動は、行動主義とどう違うのか。少し戻って説明しよう。〈アルシ・ポリティーク〉の場合は、政治的争いの芽は摘み取られてしまうが、〈パラ・ポリティーク〉の場合、権利要求という形で争いがある。しかしこれは政治的係争と呼ばれるものと区別されている。何をもって区別されるのか。

権利要求が不十分だとされるのは、〈民衆〉がしかける争いが支配する者にとって脅威となるほどの存在感を持つに至らないからである。

二〇〇五年のフランスでの暴動のように、それまで政権が無視してきた移民の若者による政権への要求の声が、暴動を通じて無視できない声となったとき、〈民衆〉の存在感は、ひとまず、（無視できない限りにおいて）支配する者と対等の立場に上がったということができるだろう。

そうすると、政権が自らを維持するために、〈民衆〉の存在感を抑圧しておくこと、〈民衆〉が結集し、デモクラティックな力を増大させずにおくことは、死活問題となってくる。〈民衆〉の政治的活動の熱狂は、〈パラ・ポリティーク〉では、権利要求という個人の争いに切り縮められ、〈アルシ・ポリティーク〉では、争い以前の、個人の徳の欠如の克服、個人的な葛藤へとすり替えられ、〈メタ・ポリティーク〉では、もはや政治的主体化は、自己による主体的な努力ではなく、単に自己を客体化＝対象化し、自らの境遇（＝〈症状〉）を多重的に解釈するだけの営みにまで後退する。

三つ目のものに至って政治はもはや、支配される自己が支配する他者に対して政治的係争をしかけるという政治以前の段階へと後退してしまっている。すなわち、他者との争い以前に、自己が自己自身から切り離され、二重になった自己が自らを解釈し反省するという悪循環に陥るのである（ここにあるのはまさしく精神分析的な意味での〈症状〉である）。

主体化へと向かわず自己を客体化することの罠は、フリーターにおいては、犠牲者とみなされ、社会保障の対象とされ、社会問題化されるところにあるが、そこにとどまる限り、支配する者にとって脅威となるような〈民衆〉＝存在としては現れることができないのであって、フリーターは単なる統計的な数字、つまり全国で何万人、年収二〇〇万円以下の若者というような住民＝人口という抽象的な数値に押しとどめられ、少数の論者の研究材料にされることにとどまり続けるほかないのである。

以上、論じてきたのは、民衆を政治的主体ではなく、社会問題における弱者として扱う置き換えの手法である。すでに述べたように、この置き換えの手法としての社会問題化は、デモクラシー的熱狂が爆発することを阻止している行き詰まりを、社会的弱者の心理的行き詰まりに転換してしまうのだ。

このすり替えに、ジャーナリズムや社会学、心理学といった言論、学問的言説が、役立ってしまっているという状況がある。置き換えは政治権力であり、政権が支配を維持するための、あるいは少数の特権階級が自分たちの利権を守るための、不可欠の手段である。このような不正を行う政治権力を監視し、批判する役割を担っているはずのジャーナリズムや社会学が、場合によっては、この権力の維持に貢献してしまっているという状況があるのである。

先述したように、社会問題としてのフリーター問題（例えば貧困問題）は、この問題をもたらすしわ寄せが、どこからどのようにしてやってくるかを問わない。同時に、このしわ寄せの形を変えたものが正規社員を襲っているということを問わない。さらに先述したように、しわ寄せは政府、官僚、財界からだけではなく、その背後のアメリカ、G8首脳会議、世界銀行、IMF（国際通貨基金）などの国際機関の取り決めからやってくるものでもある。

次に論じたいのは、民衆が全くアクセスできないはるか上方で行われる取り決めでの決定が、どのようにして民衆の政治（デモクラシー）を踏みにじりつつ、社会的なものまで降りてくるのかということについて、である。

階級権力再生プロジェクトとしてのネオリベラリズム

ネオリベラリズムは、一九七九年以降、イギリスのサッチャー（首相　在任一九七九―一九九〇）とアメリカのレーガン（大統領　在任一九八一―一九八九）によって推進されたものであり、日本では、一九八〇年代に中曽根政権（一九八二―一九八七）によって、一部、国鉄、電電公社などの民営化がなされた。その後、一九九〇年代末に小泉政権によって行われ、本格的に格差社会が到来した。

とはいえ、イギリス、アメリカがネオリベラリズム政策を推進することができたのは、アメリカが、一九七三年以後、チリでのネオリベ実験で試し、ある程度の成功がもたらされたことを見届けることができたからである。

デヴィッド・ハーヴェイ（一九三五―　アメリカの経済地理学者）は、一九七三年以後の、チリでのネオリベ実験の結果、いかに利益がうまく配分されなかったかについて、「国家とその支配層、それに外国の投資家はもうかったが、一般市民は損をしたのだ」と述べている。当然、アメリカでも同じ結果が出ることになる。

> アメリカ合衆国で収入のもっとも多い〇・一％が国民の総収入に占める割合は、一九七八年の二パーセントから一九九九年には六パーセント以上に増加した。ほぼ間違いなく、ブッシュ政権による税金切り下げが効果を出してくるにしたがって、富が社会の上層に集中する傾向はますます加速されていくだろう。（ハーヴェイ 2005＝2007：13）

ハーヴェイは、このことからも、ネオリベラリズムの目的の一つを「階級権力の再生」（強調引用者）と見ている。富を上層階級へと集中させて、上下の階級差をつくることによって権力を強化するのだ、と。

ネオリベが受け入れられた背景

チリの場合、「階級権力の再生プロジェクト」としてのネオリベラリズムは、ピノチェトによって強権的に国民に押しつけられた。これに対し、イギリス、アメリカでの場合、強権的に押しつけられたのではなかったのなら、なぜ国民は自らそれを受け入れたのだろうか。

これについての詳しいことは、ハーヴェイの議論を参照してほしいが、一つ参照しておきたいのは、受け入れた背景として、戦後の好景気の後に訪れた七〇年代当時の不況があったということが指摘されているところである。

イギリスの場合、一九五〇年代、六〇年代にうまく機能していたケインズ的妥協（好景気に支えられた資本蓄積と社会民主主義政策との協調〔ハーヴェイ 2005＝2007：14〕、大きな政府、福祉国家のプロジェクト）が、石油ショックもあって、七〇年代には機能しなくなった。こうして、七〇年代の長い経済的停滞の暗鬱な時代に「労働組合の権力や国家の官僚的非効率」への不信が高まっていく。これらのことを背景として、労働組合や国家の官僚主義に対抗するものとしてのネオリベ的な「個人主義や解放、自由という考え方」（ハーヴェイ 2005＝2007：17）が受け入れられた。

つまり、ネオリベは停滞に対する救済として受け入れられたのだ、と。

もう一つ重要なことは、このときすでに今日的なネオリベとネオコン（ネオコンサバティブ＝新保守主義）とのカップリングが機能していたことである（二〇〇〇年代における、ブッシュ政権、小泉政権、とりわけ安倍政権のネオリベとネオコン、あるいはナショナリズムとのカップリング）。かつてのイギリスの例で言えば、ネオリベの押しつけへのガス抜きとして、フォークランド紛争に絡んだナショナリズムが利用された。ネオリベの内的矛盾が、新保守主義のナショナリズムによってガス抜きされるという構造がすでにここに見られる。

近代民主主義の三つの横顔

以上のように、ハーヴェイは、イギリスでのサッチャーによるネオリベへの国家の適応がうまくいったことを当時の時代状況から説明した。しかし、問題は他にもある。それは、ネオリベという経済的自由主義と「近代民主主義」はなぜうまく接合されえたのかという、より原理的な問題である。

これについて考えるために、近代民主主義の複数の出自に関する政治学者・千葉真の整理を取り上げたい。千葉は、古代ギリシアにおけるデモクラシーと近代民主主義とを区別した上でさらに、近代民主主義の雑種的な性質を三つの要素との接合面から理解しようとしている。すなわち、近代民主主義は、国民国家との接合面、立憲主義との接合面、経済的自由主義との接合面からなる多面体として、古代ギリシアのデモクラシーと区別されるべきものである、と。

前のところでは、近代以降台頭してきた社会的なものの空間がいかに脱政治化された空間になっていたかについて考えたが、ここでは、近代以降、社会的なものよりも高次の水準で、いかにしてデモクラシーが、国民国家、立憲主義、経済的自由主義という三角形に締め付けられながら、近代民主主義という制度へと変質してきたかについて考えたい。

「近代民主主義」は、一七世紀から一八世紀にかけて西洋諸国で生まれたが、当然それはその時期のそれぞれの国の歴史的状況によって規定されていた。まず、近代民主主義は、絶対君主制によって準備された主権国家システムのなかで、西欧諸国の市民革命期に国民の概念を基盤に創出されたものである。

さらに、近代民主主義は、もともと小規模なポリスに親和性を有していたデモクラシーを、広大な領土と多くの人口に定着させるために統治上の諸システムを必要とした。法の支配（立憲主義）、三権分立、代議制（議会主義）、複数政党制、官僚制、選挙制と投票制、国民の基本的人権などである（千葉 2000：26）。

そして三つ目が、近代民主主義と経済的自由主義との接合面になるが、先から問題にしているネオリベという経済的自由主義と民主主義の接合を、ここから考えてみたい。

千葉の整理によれば、近代西欧型民主主義を作り上げたのは、古代ギリシアの場合のように、デモクラシーの思想というよりも、むしろ主として自由主義の思想であった。

これは、近代民主主義が、市民革命を通じて歴史的に階級的対立のなかで次第に勝ち取られていった歴史的経緯に深く関連している。最初は絶対君主とその支持層であった貴族階級との闘争のなかで、さらにはブルジョワジーとプロレタリアートとの階級対立のなかから、近代民主主義は次第に歴史にその形姿をあらわにしていったのである。近代西欧型民主主義を駆動したイデオロギーは、実はデモクラシーだけではなく、むしろ主力は自由主義であった。（千葉 2000：26）

千葉は、この自由主義を、個人の諸権利や自由の価値にコミットする政治的自由主義と、経済発展にコミットする経済的自由主義とに分け、これらが対立し合っていたことを指摘している。

これはたとえば、一九世紀を一貫して西欧諸国で共通に見られた、有産市民階級のなかのブルジョワと市民とのあいだの緊張と対立であり、二〇世紀初頭以降における市民に対するブルジョワの優位性の確立であった。この関連では近代西欧型民主主義としての自由民主主義は、歴史的に近代的なキャピタリスト・デモクラシー（資本主義的民主主義）という仕方で経済発展型民主主義としての構造を根深く有していたといえよう。（千葉 2000：27）

確かに、シーモア・M・リプセット（一九二二―二〇〇六 アメリカの政治社会学者）の定式化では、自由民主主義体制は、「ある程度の経済発展に依拠し、また経済発展を促しつつ、さらに経済発展は自由民主主義の発展を促すという一般的特徴を持つ」、つまり、民主主義と自由主義のカップリングは、互いに補い合いつつ、うまく発展を遂げていくのだ、ということになる。

しかし、千葉によれば、こうした定式が妥当するのは時代的には一九六〇年代頃までであって、それ以降は政治的自由が、経済的自由の優先によって締め付けられていくことになる。自由主義と民主主義との接合の中で起きた、この経済的自由の優位によって政治的自由の地位が奪われていく状況を、シェルドン・ウォリン（一九二二―　アメリカの政治学者）はレーガン体制下で書かれた『アメリカ憲法の呪縛』（一九八九年）の中で、政治経済体制 the political economy という概念を通して理解しようとした。

［それは］社会がなによりもまず「経済」として想定される生の様式のことである。さらにそこでは経済的諸関係が、社会的・政治的諸関係や道徳的諸規範の複合体のなかに深く埋めこまれ、しかもそれによって制限されていることはもはやみなされることはない。そうではなく経済的諸関係は、他のすべての社会的・政治的諸関係から自律しつつ同時にそれらを規定する、一箇の独自の権力システムを形成するものとして捉えられる。正義の限界は、政治経済体制の指導的権威者たちの解釈にしたがって理解される経済状況によって設定される。

（ウォリン 1989＝2006：55）（強調引用者）

日常生活の中にあまりにも自然に埋め込まれているため、権力ともイデオロギーとも気づかれることのない生の様式であると同時に、権力システムでもあるような秩序がもたらされるのである。そして、この秩序を、国家やそれと結びついた企業が牛耳ることになる。

以上の議論から導き出されるのは、近代民主主義が、他の三つのもの（国民国家、立憲主義、経済的自由主義）との接合を緊密にしていくほど、その中でデモクラシーは締めつけられ、縮小されていくことになるということである。

ここで問題にしたいのは、このデモクラティックな自由や平等が、この他のものによって〈すり替え〉られていながら、しかし、全体としては民主的であるという外見を維持し続けてきたということである。

これについては、ハーヴェイが、レーガン体制下でのウォリンの洞察をその一八年後、引き継ぐかのようにして、ネオリベの反民主主義的性質について、さらに論を展開している箇所を参照することができる。

ウォリンは、共同体内の、政治的、社会的、道徳的諸関係が、経済的諸関係によって規定されていることを指摘していたが、さらにハーヴェイが指摘するのは、この経済的諸関係による規定を担っているのが、民主的な審級（議会、選挙、行政機関）以外の、あるいは民主的に動いていない諸機関（権力に牛耳られた司法、政治資金を調達する団体、ＩＭＦやＷＴＯ（世界貿易機関）

のような国際機関）だという事実である。

ネオリベラル国家は徹頭徹尾、反民主主義的だ。［…］一部のエリートによる支配が好まれ、上からの命令と司法判断による政府が最良のものとされ、かつての民主的に選ばれた議会による決定プロセスはきらわれる。なんとか代表民主主義制度と言えそうなものは残っていても、アメリカ合衆国におけるように、それも金の力によって完全に、かつ合法的に支配されている。中央銀行のような［…］強力な機関が創設され、国内では準政府機関、国際舞台ではＩＭＦとかＷＴＯのような組織が、民主的な影響力や、会計監査、説明責任、統制といったことのまったく及ばないところに存在している。ネオリベラルな見方からすれば、民主主義など「愚民支配」と同じで、これこそが一九七〇年代の上層階級の権力を脅かして資本蓄積の障害となっていた元凶とされる。（ハーヴェイ 2005＝2007：31）

もはやここにあるのは、民衆の意見を吸い上げ、決定がなされる民主制ではなく、特権階級が、民衆の預かり知れないところで決定を行っている寡頭制であり、しかもそれは一極集中ではなく、国際機関を伴いつつ国内外に分散している支配の巨大な体制なのである。

世界戦略としてのネオリベラリズム

ところで、G8サミットが二〇〇八年七月、北海道の洞爺湖で行われたが、一九七五年以降、三〇年以上にわたって続けられているこの非公式の先進諸国の取り決めの場こそ、小倉利丸によれば、新自由主義的な経済政策がグローバルに展開されていくときの基本的な方針を決定する場となってきた（小倉 2008：二面）。

一九七〇年代において、先進諸国は経済成長を遂げた後、経済危機に見舞われた。と同時に、原油価格の高騰に逆らえなくなった。また、インドシナ、アフリカ、ラテンアメリカが社会主義化していく。こうした背景下で、先進諸国は後退を余儀なくされ、互いに利害調整がなんとしても必要になってくる。小倉はこのことがサミットを開催させた最初の重要なきっかけになったと述べている（小倉 2008：二面下）。

世界経済フォーラム（民間の大企業や財界のグローバルな会議。一九七一年から開催）が一月に行われ、半年後にそれに対応する形で先進国の政治家、首脳の会議としてのサミットが開催されるというのが一年間のスケジュールとなり始めてすでに久しいのだが、小倉によれば、三〇年以上続けられてきたこのサミットは大きく三つの時期に分けることができる。

まず、七〇、八〇年代の冷戦期のサミットでは、ソ連を封じ込めつつ、先進国と第三世界に、ネオリベラルな経済改革を浸透させることが主眼とされた。なぜ第三世界が含まれたのか。小倉によればそれは戦後、植民地が独立を果たしていったことによって先進諸国の世界的な支配が弱まったことに対して、その支配を新しい戦略（ネオリベラリズム）によって奪い返すためだった。すなわち、「第三世界の国民国家の主権を前提にしながら、主権国家による国境というバリアを市場経済に関わる分野に関しては開放させ、さらに公共部門を国家の規制下から市場へと移行させることによって、国家の経済権力を奪う」（小倉 2007 = 2008 : 202）ためだったのだ、と（そして八〇年代にはＩＭＦの構造調整政策が第三世界の大きな貧困と格差、そして債務による破綻をもたらすに至ったのだが、その後も、サミットの中でこの方針は支持され続けた）（小倉 2008 : 二面上）。

次に、ポスト冷戦期である九〇年代では、崩壊した社会主義圏を資本主義へ統合していくことが主眼とされた。さらに二〇〇一年のアメリカ同時多発テロ以降は、先進諸国内の対立を調整しながら第三世界に対して、テロとの戦争で戦争当事国と協調できるような枠組みをどう作るのかということが主眼となっていく（小倉 2008 : 二面下）。

とはいえ、小倉はサミットが決して意志を同じくする支配者集団のようなものではないと注意を促している。

サミットは、その内部につねに対立と矛盾をはらんだ不安定で不均衡な国民国家の諸権力の多様なベクトルの集合であるという現実を前提としたうえで、この矛盾と不均衡を巧みに調整あるいは隠蔽しつつ、外部に向けては一つの共同の意思として打ち出すようなレトリックと儀礼のパフォーマンスの場となっている。（小倉 2007＝2008：201）

矛盾とは、端的に言えば、「自由貿易と市場の規制緩和という、いわゆる新自由主義と自国産業の保護、国益主義」との間にある。とはいえ、対外的には「一つの共同の意思」であるかのような外見を与えるのである。

以上のような複雑さがあるにしても、先に述べたように、サミットはネオリベラリズムを世界的支配の新たな戦略とする基本方針の取り決めを行ってきた場であることには変わりはない。加えて、この取り決めの力はもちろん経済的領域だけに限定されるものではなく、次のような多岐にわたる領域と連携しながら行使されるのである。すなわち、「世界フォーラムのような民間部門との連携、国連やＩＭＦなどの国際機関に対する働きかけ、ＡＳＥＡＮやＡＰＥＣのような地域の政府間機関、ＮＡＴＯ、アメリカの二国間の安全保障協定などを通じたＧ８の枠を超えた安全保障の広がり、司法警察におけるＧ８の枠を超える先進国や途上国の連携」（小倉 2007＝2008：201）などを通じて、取り決めが、公式、非公式に構築されながら行われ、国外からのこうした圧力によって、日本にもネオリベラルな政策が敷かれてきたのである。

したがって、日本に格差社会をもたらした原因として、ネオリベ政策を推進した小泉元首相＋竹中元大臣、彼らが所属していた親米の自民党、さらに自民党に圧力をかけてきたアメリカという国、その中でもネオリベ政策を推進してきたアメリカ共和党等々、といった具体的な形象だけをあげつらい、批判するだけでは十分ではない。国内での政策の方針は、それを推進した決定機関によってだけでなく、国際レベルで蜘蛛の巣状に広がる力学に大きく左右されている（もちろん、こうしたレベルに、民衆はアクセスなどできない。しかし、裏返せば、G8の反対運動の国を超えた団体の連携などに見られるように、ネオリベラリズム資本主義についての国際レベルでの取り決めに、国際レベルでの反対運動の連携が拡がる可能性も出てくるのである。アントニオ・ネグリ（一九三三―　イタリアの政治活動家、哲学者）、マイケル・ハート（一九六〇―　アメリカの哲学者）のマルチチュードの概念は、具体的には、このような状況を裏づけとしていると言えるだろう。ネグリの『未来派左翼』にはそのことが示されている）。

第二章　政治的置き換え

第一章では、下部での社会問題という学問的フォーメーション、また上部でのネオリベラリズムという経済優先の世界中のエリートたちに共有されたある種の思想が、私たちの政治的主体性をいかに無力化し、別の問題系の袋小路へと誘導し、問いをすり替え、思考を、感情を混乱させるものであるかを論じてきた。

本章では、選挙制度、政治改革、政策論議、国会答弁、マスメディア報道などが、どのように民衆の政治を別のものへとすり替えるかということについてある程度具体的な問題に触れつつ、論じていくことにする。

日本において、例えば原子力発電所、核燃料再処理施設の建設は、国民の同意を得られて行われたものだったのだろうか。あるいは、低賃金使い捨て化をもたらした、労働派遣法の改正なども、国民の同意を得て改正されたのだろうか。これまで国会で様々な悪法が可決され、施行されてきた。

このような、国民を締め出した密室で一部のエリートの利権をのみ優先させるような取り決めが行われてきたことについては、これまで事あるごとに批判されてきただろう（多くの人々が指摘するように、一九九四年の選挙制度改革によって導入された小選挙区制は、本来の意味での政権交代の可能性、つまり、野党第一党以外の野党が政権を執る可能性を実質的に消滅させた）。

なぜデモクラシーの国、国民に主権があるとされる国でこうしたことが起こってしまうのか。ランシエールは、『民主主義への憎悪』という著作で、代表制はもともと寡頭的であると述べている。

> 代表制とは、寡頭制の一形態、つまり公の問題に従事する資格をもった少数者の代表制だと言って差し支えない。［…］代表制は、その起源において民主主義と正反対のものである。アメリカ革命やフランス革命の時代には、このことを知らない者はいなかった。アメリカ建国の父たちやフランスにおいて彼らに相当する者たちは、代表制を、人民の名において権力を行使する、実はエリートのための手段だと考えていた。（ランシエール 2005＝2008b：73–74）

このような言い回し自体は新しいものではないが、今日の政治状況を省みるにあたって重要な参照点になりうることは間違いないだろう。ではなぜランシエールはこのことを今日改めて強調するのだろうか。どのような観点からこう主張しているのだろうか。

民衆と政治との隔たりと、寡頭的なものとしての選挙

デモクラシーにおいては、民衆が直接、公的事柄の取り決めに参加することが理想とされる。これがある程度実現されていた古代ギリシアは、デモクラシーの起源としていまなお参照され続けている。しかし、今日ではこれは不可能とされている。その理由として挙げられるのは、一つは、人口が多くなり、国土が広大になったことである。もう一つは智恵のある者が政治を担うべきだという考えである。そこで、これらの二つの要素いずれにも配慮し、デモクラシーをなお実現可能にするための制度として、概ね近代の市民革命以降、代表制の政治システムが提唱、確立されることになり、今日、これが最良ではないにしても最悪ではない政治システムとして認識されるに至っている。

人口が多くなると同時に居住空間が広大になったため、市民一人ひとりが公的事柄の取り決めに直接参加することは不可能になった。したがって、一人ひとりが選挙で政治家に投票し、その政治家が彼らを代表して取り決めを行うという仕方で、政治を運営することが妥当となったとされる。間接的である〈隔たり〉がある）とはいえしかし、その取り決めには「民意」が

反映されているのだ、と。現代の共同体においては、政治と民衆との間に生じる〈隔たり〉は不可避であり、代表制は不可避だ、と。

しかしランシエールによれば、人口の増大は、政治と民衆との〈隔たり〉を避けることができない理由にはなりえない。それは〈隔たり〉を正当化するための口実にすぎない。実際のところ、〈代表制〉は民衆が政治に近づけない状態を必要とするのであり、だからこそ実質的には〈寡頭制〉なのだ、と。「寡頭制が台頭してきたデモクラシーを取り入れた結果が代表制であり、その意味で代表制は寡頭制の妥協形成なのである」（ランシエール 2005＝2008a：61）。

では例えば、選挙制度のどこが民主的ではなく、寡頭的なシステムなのだろうか。ランシエールによれば、選挙というシステムは、民衆が自らに関係するような、共通世界での公的事柄の取り決め（例えば、雇用条件の良し悪しに関わる労働基準法をめぐる取り決め）に、投票を通じて間接的に参加する機会を提供するものではない。ランシエールは、選挙が寡頭的であることについて次のように述べている。

選挙は、それ自体では民衆が自分たちの声を伝えるためのデモクラティックな形式ではない。選挙とは、そもそも、上位権力が要求する同意の表現であり、しかもこの同意が実際に同意であるのは全員一致の場合だけである。（ランシエール 2005＝2008a：74）

ここから分かるのは、選挙が、「下」からの民衆の声を吸い上げようと配慮するものではなく、「上」で行われる少数者の取り決めに、「下」の民衆を「上」から同意させるための仕組み、仕掛けであるということである。

このことについては、選挙において、「マスメディア」の役割がいかに大きくなっているかを思い起こすといい。すでに日本でもよく知られているように、今日選挙において重要視されているのは、はっきりと政治的見解をもった選挙民の同意を得ることではもはやなく、支持政党を（意図的であるにしろないにしろ）持たない、「無党派層」、あるいは「浮動層」からの票を、いかにかき集めるかである（アメリカは少なくとも先進国としては、最もひどい状況になっている。というのも、選挙権が剥奪されたり、票がカウントされないということが決して小さくない規模で、二〇〇〇年、二〇〇四年の大統領選挙で起きたからである。イギリスで活動する調査報道記者、グレッグ・パラストによる報告（パラスト 2003＝2004）、または次のウェッブサイトを参照せよ http://hidden-news.cocolog-nifty.com/gloomynews/2004/05/by_.html）。しかもこのような事態は、ブッシュ政権の制定した「投票支援法」によって、「重罪犯者の排除」という名目で正当化されるようになっている。ここからも、選挙がそもそも寡頭制の必要とする仕掛けであることがはっきり分かる）。

選挙のこうした今日的な歪みを取り上げるまでもなく、ランシエールは選挙に固有の寡頭的な性格を、フランスの大統領選挙制度にはっきり見出している。

大統領直接選挙は、民衆の権力を確立するためにではなく、それを阻止するために発明されたのである。それは、君主政治の一制度であり、民衆の権力がそれとは反対のものへと変質するように導く集団的同意の方向転換であり、共同体の舵取りを務める上位に立つ一人の人間に対する服従なのである。それは、フランスでは一八四八年に、民衆の勢力に対抗するものとして制度化された。更新不可の任期四年制によって、民衆勢力の危険を制限することができるという思惑が、当時の共和主義者らにはあったのである。（ランシエール 2007）

「更新不可の任期四年制」という制度は、一見すると、独裁を禁じることに配慮した民主的な制度であるように見える。しかしこれも他のものと同様に、民衆の不満を定期的に「ガス抜き」するための調節弁として機能するものにすぎず、民衆の声に配慮することより、寡頭制の維持を優先するべく設置されたものだと考えるべきだろう。

政治システムのねじれ、見せかけとしての政治改革

ランシエールによれば、選挙に基づく代表制が、デモクラシーと同一視されることが自明になったのは、ごく最近のことにすぎない。代表制とデモクラシーそれ自体とを区別する必要があるのである。しかし、こうしたことを言うとすぐに次のような反論が返ってくるだろう。

「代表制がだめなら、デモクラシーは、それとは別のどのような制度で実現可能になるのか」、と。本書はこれに答えようとするものではない。ランシエールもまた、こうしたことについて見解を示しているわけではない。このような性急な反論は、それ自体偽の問題にすぎない。というのも、民衆にとっての政治は、いかなる場合においても、「制度」によって現実化されるものではないからである（何によって現実化されるのかについては、後で述べる）。

ここで問いたいのは次のような問題である。すなわち、なぜ、寡頭的であるような代表制（選挙制度など）が今日まで存続してこられたのだろうか、と。確かに、このような問いを立てるまでもないかのように、すでに今日でも、選挙に対する批判は決して少なくないかに見える（小選挙区制、比例代表制など選挙制度に対する批判）。しかし、こうしたものは表面的な批判でしかない。というのも、こうした批判は、選挙制度、代表制というシステムそれ自体を疑問視するところまでいかないまま、これを修正すればいいと考えるからである。

まさにこのような考え方が、代表制をいまなお存続させているのである。よりはっきり言おう。なぜ多くの批判を受けてきたにもかかわらず、代表制という政治システムはこれまで存続してこられたのだろうか。それは、たえず改革を行い、まだ不完全なこのシステムを完全なものへと近づけるという身振りを示し続けること（制度改革、法改正など）によって、このシステムへの評価がたえず未来へと先送りされ続けてきたからである。そのような身振りを生み出すことが、この制度に対するある種の思考停止を生み出してきたのだ、と。

ここに大きな問題を見出したいのである。先に述べたように、ランシエールはデモクラシーを代表制から区別したが、これが示しているのは、現行の政治システムが〈ねじれ〉ているということである。すなわち、見かけは民主的であるような体裁をとりながら、しかし実際には寡頭的であるというところで、代表制という現行の政治システムはどうしようもなく〈ねじれ〉ているのだ。ここに根源的な〈ねじれ〉があり、ランシエールはつねにここに立ち返ろうとする（このねじれは、政権と民衆との〈隔たり〉に相関している[1]）。

問題なのは、政権が、この根源的な〈ねじれ〉を別のものへと置き換えて、後者を問題解決の場と見せようとすることである。すでに触れたように、代表制の欠陥が絶えず（大衆やマスメディアや識者や政治家自身によって）指摘され批判されるのだが、しかしそのような欠陥は、選挙制度の改革や、法の改正、派閥の解消、あるいは選挙民の政治意識の喚起等々によって、「遡及的に」つねにすでに修正可能なものにされているにすぎないのである。つまり、「最初の」、政治システムの根源的な〈ねじれ〉は、こうして代表制という政治システムの「後から」行われる調整で解決可能なものだと錯視させられる。また同時に、そうして、少数の代表者による取り決めの現実と、民衆の声の現実との〈ずれ〉が修復可能なものと見なされるのである。

しかし、制度改革というものによる政治システムの修正の身振りは、すでに述べたように、寡頭制を温存するための口実でしかない。つまり、そうしたものは〈見せかけ〉にすぎない。

政権側は、「われわれは国民のために、改革に取り組んでいるし、マニフェストも明確にし、国会討論もテレビで公開し、党首討論も公開し、法案も成立させたし、制度も新たに立ち上げた、こうやって国民のための政治をやっている」というだろう。しかしこうしたものは、民主的であるという〈見せかけ〉を生み出す身振りにすぎないのであって、その身振りの背後で寡頭制を維持することが本当の目的なのである。

ここで非常に重要なことは、現代においては、このような見せかけ（政権が本当に国民のために政治をやっていると本気で信じられるような見せかけ）を生み出すことそれ自体が、政治になってしまっていることである。ランシエールは、このような政治の段階を〈メタ政治《ポリティーク》〉

（1）二〇〇八年、参議院の与党が民主党になることによって、衆議院で可決されたことが参議院で通らなくなった事態を指して「ねじれ国会」という言葉がしばしば使われた。しかし、ここで言う「ねじれ」とはもちろんこの「ねじれ」のことではない。ここで言う「ねじれ」とは、民主的に振る舞いながら、実際には寡頭的である政治権力の二重性のことを指している。つまり、民衆にとっての政治と、政権が運営する政治的なものがずれていることを指している。したがって、「与党をどちらかにはっきりさせるべきだ」というところで言われる「ねじれ国会」という言い方は、自民党であろうが、民主党であろうが、他の野党であろうが、与党として何かにつけ支配したがる政治家たちの利権の奪い合いの一局面を言い表しているにすぎない。本当に正さなければならない「ねじれ」は民衆とのずれにあるのである。したがって問題なのは、「ねじれ国会」という言い方が、民衆と政権との間の根源的なずれを見えなくさせ、問題をすり替えるおとり的表現として役立ってしまうことである。マスメディアはあたかも「ねじれ国会」が重大事であるかのように繰り返し報道することによって、このすり替えに大きく貢献していたと言えるだろう。

と呼ぶのである。

政治システムの〈ねじれ〉を修正するという身振りそれ自体において、〈ねじれ〉を維持する――これが今日の政権による〈メタ政治〉の役割なのである。そしてこの〈ねじれ〉（あるいは政権と民衆の〈隔たり〉）を維持しようとする点において、今日の政治システムは根本的に寡頭制なのである。

したがって、毎日大量に生み出される、政治システムの欠陥をあげつらい、それを批判し、改正するよう要求するという、あたかも正義を担うかに見える行為は、すでに〈メタ政治〉に取り込まれたものでしかない。そうした批判、要求は、根源的な〈ねじれ〉が置き換えられた、システム内修正にしか行き着かないのであって、必要なのは、こうした横滑りに逆らいながら根源的な〈ねじれ〉に遡及することなのである。

このような、問題の置き換えこそが、寡頭制とデモクラシーの〈ずれ〉を隠し続けてきたのであり、政治システムの〈ねじれ〉をそれ自体として取り上げることをできないようにさせているのであり、また、民衆と政治との〈隔たり〉を維持し続けているのである。こうして、原初の、政権の執る政治的なものと民衆の政治との〈隔たり〉、政治システムの〈ねじれ〉が、後景に退けられ、前景には置き換えられた小さな諸問題が置かれ、これに人びとの関心が向けられるようにされたのである。

政策論議の欺瞞

政策論議、国会討論などは、当然だが、代表制という政治の現実それ自体に内在する〈ねじれ〉には、決して触れることはない。というのも、それへの批判は、自分たちが乗っている舞台を自分たち自身が破壊することを意味するからである。

与党と野党の間でなされる議論は、現行の政治システムの不十分さへの批判と、それの修正の要求、そしてそれに応える妥協案の提出でしかない。これは、互いが乗っている舞台上の勢力地図の調整にしかなりえない。この舞台上で、寡頭制である現行のシステムとデモクラシーとの〈ずれ〉をごまかしていることへの批判が出ることは決してない。言い換えれば、下部にいる民衆の声と、その公的舞台との深刻な〈ずれ〉に触れられることはない。寡頭的なシステムにおいては、「民意」、「国民の声」は、このシステム内での少数のエリートや専門家たちが自らの利益を奪い合うための材料に利用されるだけである。例えば、近年、政治家による政治資金問題や官僚による公的年金流用問題などが明るみに出されたが、これもまた、民意を受けた正義に基づく暴露というよりはむしろ、敵対する党を倒すための方便、勢力地図の変更の手段として、社会的弱者（年金を払うフリーター、国のために働いた団塊世代の年金受給者、介護が必要な高齢者等々）が利用されているにすぎない。

寡頭的でありながら、民主的な見かけを持つ代表制という現行の政治システムに内在する〈ねじれ〉が、最近露わになった出来事として、「耐震強度偽装問題」がある。以下ではこれについて考えてみたいのだが、しかし、とはいえやはりこの出来事も様々な置き換えの仕組みの中で、民衆の政治の問題とは別のものへと解体させられた。すなわち、マスメディアの操作に連動しつつ大衆が下から、上にいる少数者を叩いて責任を追及するという系列か、あるいは被害に遭った住民の補償を要求するという系列に、分解された。では、どのような置き換えの仕組みが作動したか見ていこう。

二〇〇五―二〇〇六年、耐震強度偽装問題

二〇〇五年一一月、政府は耐震構造偽装問題を公表した。民間の指定確認検査機関イーホームズ藤田社長が二〇〇五年一〇月に構造計算書に意図的な改ざんがあることを指摘したのが発端だった。建物の構造計算の偽装が行われただけでなく、これを民間の複数の指定確認検査機関が見逃し、さらにこれを行政が見逃していた。またそもそも改ざん可能な構造計算プログラムを認定したのは国土交通省だった。つまり、この偽装は、各関係者が絡んだ「構造的詐欺」であった。しかしそれにもかかわらず、結局のところこの事件は姉歯建築士の個人犯罪として決着された。マスメディアも、そのほとんどが姉歯建築士や、「国が認めている民間検査機関

から許可を受けて建築したのに販売して何が悪い」と反論したヒューザーの小嶋社長を叩く内容を中心に連日報道を行っていた。ここにすでに問題のすり替えがあった。

しかしそれだけではない。関係者のごく一部の人間に対する行き過ぎたバッシング報道に隠れてしまっていたのは、偽装と見逃しが複数の機関の連動の中で行われていたという背景だけではない。さらにその背後にあったのは、今日様々な問題（格差など）を引き起こしている、日本政府のネオリベラリズムの経済路線（大企業の利潤追求を最優先にした規制緩和、民営化路線）の政策だった。具体的に言えば、一九九八年の建築基準法改正によって建築確認検査機関を民営化したことや、公的住宅政策から市場原理にもとづく住宅政策へと撤退したことである。

マンション建設ラッシュを次々にこなすために重要なことは、建築確認をいかに早くとり、それによって工期を短くし、いかにコストを安く上げるか、にあった。建設業界全体が迫られていた、このコスト削減問題に答える形で建築基準法改正が行われたのであり、そこで行われた検査機関の民営化は、この建築確認のスピードを上げるにあたって大きな障害となっていたものを取り除くためのものだった。これが耐震強度偽装の見逃しを生んだ一つの要因となった。

この日本政府によるネオリベラリズムの経済路線の推進は、他のいくつかの国々と同様、世界のグローバル経済の今日的傾向へと自らを開こうとする中で行われたものだっただろう。このことの必要性は、政府によって毎年公開されている「年次経済財政報告」で繰り返し主張されており、このことがどれだけ日本の「国益」を生み出すかがそこで主張されている。しかしこの傾向の裏の側面をなしている、政治的な意味（国民にとってこれが政治的に何をもたらすか）についてはもちろん何も示されていない。これに関連することをランシエールは端的に次のように述べている。「さまざまな国が世界経済秩序に適応することによって、統治者・実業界・財界人・専門家をまとめた新たな特権階級が形づくられています」（ランシエール 2005＝2008b：161）、と。

偽装問題に戻って言えば、小泉元首相、竹中元大臣によって推進されたネオリベラリズムの経済路線が、日本国家を世界経済秩序へと適応させることによって、政治家、官僚、財界人、建築業者らを一つの者へと結合させる特権階級を生みだしたといえるだろう。そして、この事件そのものは、従来の日本の政治システムを、このごく少数の特権階級の利益追求だけを優先させようとするネオリベ路線のシステムへと改変する中で生じてきた歪みとして現われたといえるだろう。そしてさらにこの歪みが、侮蔑された住民が知らずに購入させられた欠陥住宅となって現われたのだ、と。

政治的置き換え

この出来事を通して考えてみたいのは、すでに触れたように、脱政治的に分解され、別の問題へと置き換えられたこの出来事を、政治問題へと連れ戻すこと、つまり、国民のための改革を行うことを約束した小泉政権が実際には新たな特権階級を生み出していた、というところに存する政権の根源的な〈ねじれ〉へと立ち戻ることである。

耐震強度偽装問題は、可能性としてこの〈ねじれ〉を暴露するに十分な出来事だった。しかしそれにもかかわらず、〈ねじれ〉は大きく分けて二つの系列に分解されることによって、デモクラシーとは別の何かの中に置き換えられてしまったのである。二つの系列とは、すでに触れたように、一つは住人に対する補償問題であり、もう一つは、姉歯建築士を主とする個人への誹謗中傷を含めた批判である。この分解に貢献したマスメディアは、連日、この出来事を、住人への同情と、犯罪者叩きの二系列への分解へと導いた。しかし、姉歯建築士、イーホームズ藤田社長、木村建設木村社長、ヒューザー小嶋社長の逮捕は、多くの人々が指摘しているようにいわゆる「別件逮捕」だった。[2] この事実は、彼らの責任を追及していくと必然的に構造全体を問わずには済まされないことを示している（構造を問えば責任は国にまで及んでくる。だから別件で逮捕するしかなかった）。

（2）姉歯建築士は建築士法違反（建築士の名義を貸した疑い）、木村建設の木村社長は建設業法違反（虚偽の決算書を作成した疑い）、イーホームズの藤田社長は電磁的公正証書原本不実記録の疑い（虚偽登記の疑い）で逮捕された。これらの容疑は耐震強度偽装とは関係がない。

しかし責任追及の道筋が、詐欺の構造の末端に位置する数人の逮捕によって断たれたとはいえ、責任追及の系列を辿ることは、大衆的な憎悪の矛先を増やすこと以外の役割を持たないのではないだろうか。数人が逮捕されたところで、構造自体は変わらないのだから。他方の住民への補償問題も同じである。補償という系列は、どこまで問われても満足する地点などありえないだろう。

したがって、このような系列の無限退行は偽の問題であると言わねばならないだろう。重要なのは、このような問題の退行に抗して、あの〈ねじれ〉に立ち戻ることなのである。すなわち、国民のための構造改革といいつつ、実際には新たな特権階級を生み出すところにある政権の〈ねじれ〉、あるいは、地震に頻繁に見舞われる日本に住む以上、ある一定の耐震強度をもつ住居に住むことが不可欠である国民に、その強度をめぐる取り決めから締め出しているにもかかわらず、選挙などの制度の見せ掛けによって、民主的な国だとふるまい続ける政権の政治システムの〈ねじれ〉に。

今日、民衆は、政治的主体化を遂げることを妨げる、このような複数の置き換えの仕掛けに曝されている。この仕掛けの中に取り込まれれば、頭脳も感情も複数の方向へと引き裂かれ、ジレンマの中で思考は停止せざるをえなくなる。したがって民衆に求められているのは、自らの政治的情動が、憎悪や妬みなどの不純物の中にないまぜにされてしまうようなある種の誘惑を拒否する強い明晰さを持つことだろう（この観点からすれば、マスメディアの役割は、この明晰さを惑わすためのおとり、罠を提供すること以外のことは何もしないことであるようにさえ思えてくる)。

ずれを舞台で上演するものとしての民衆の政治

民衆にとって政治とは何か。それは、置き換えられた諸問題に巻き込まれることを拒否し、根源的な〈ねじれ〉に立ち返る運動に入った上で、代表制の複雑な仕組みの中に消えてしまった、政権と民衆の政治との〈ずれ〉を現実的に露わにすることだろう。

すでに述べたように、今日の政治とは、民衆の直接的な争いではなく、置き換えられた争いになっている。民衆の政治とは、一つの政党の派閥争いなどではないし、国会での議員議席の取り合いなどでもない。また、法を改正してもらうことでもないし、社会保障ですらない。こうした保障は、寡頭制への不満のガス抜きでしかなく、民主的である外見を提供するものでしかないからだ。しかし、根源的な〈ねじれ〉〈隔たり〉は、このようなシミュラークルにすり替えられてしまっている。

またさらに言えば、複雑な仕組み、仕掛けの中で、民衆は住民(人口)として、数値に還元されている。政権支持率、投票率というようなものに。こうした数値は、民衆の存在のシミュラークルでしかない。数値とは操作可能なものにすぎないのであって、これは民衆があたかも最初から存在しない者と見なされていることを意味している。

これに対し、ランシエールによれば、民衆の政治とは、操作不可能な存在として〈ねじれ〉や〈隔たり〉を現実的に現れさせることであるだろう。ランシエールはその手段として、デモやストといった古典的な政治活動の形態を挙げているが、このことはそれほど問題ではない。手段はどうであれ、この〈ずれ〉を現実的に露わにすることが最も重要なのだから。

ランシエールは、二〇〇二年以降、フランスで、こうした民衆の政治の力が何度か現実的に爆発したことを評価している。二〇〇二年の大統領選第一回投票で、シラク大統領（保守）の対立候補と目されていたジョスパン首相（左派）がルペン党首（極右）に敗れるという予想外の展開になったことに対して、民衆が大規模なデモを組織し、シラクに投票するようにというメッセージを発した（また、その時まで政治への不信から投票を拒否していた移民たちは、ルペンが当選すれば自分たちが国外退去させられることを恐れ、投票した）。その結果、シラクが勝利したということが起きた。また、二〇〇五年五月には、国民投票によるヨーロッパ憲法の否認があり、同年一〇、一一月には、移民の若者を中心とした全国的な暴動が起きた。さらに二〇〇六年、反CPE闘争（二六歳未満の若者を二年間以内であれば理由なく解雇できるようにする法案への異議申し立てとして大学生を中心に大規模なデモやストが繰り返し行われ、その結果、首相は法案を撤回せざるをえなくなった）が起きた。これらは現行の寡頭的な議会制と、デモクラシーとの間にある〈ずれ〉、気づかれないように放置されてきたこの〈ずれ〉を、舞台上で可視化し、聞こえるものとした事件となった。
日本でも、近年、ごく小さなものであるとはいえ、フリーターたちによる労働組合の、雇用者との団体交渉や、フリーターたちを中心としたデモが起きつつある。とはいえしかし、日本でのこうしたデモや団体交渉は、デモクラシーと、寡頭制であるような現行の政治システムとの（透明にされた）〈ずれ〉を舞台で上演する（可視化、言表化する）機能を働かせない限り（つまり、置き換えられたおとりを批判するという罠に陥らないようにしないと）、その光景を伝えるテレビ、あるいはYouTubeの視聴覚情報は、自分たちとは関係のない、向こう側で起きている犠牲者たちの動物のようなわめき声にしか聞こえないもの、あるいは侮蔑された犠牲者たちの姿としか見られないものになるだろう。そうすると、そこでの行動は、政治的係争だとはみなされず、迷惑行為のようなもの、あるいはよくても、同情すべき見捨てられた人々の負けいくさのようなものとしてしか受け取られないだろう。

したがって、単に行動を起こせばいいということではない。行動が一つの〈ずれ〉（あるいは政権の〈ねじれ〉）の提示を行うことを目指したとしても、それが必ずしも他の人々にとって、そのようなものとして受け取られるわけではないからである。最終的に重要なのは、行動よりはむしろ、置き換えられたものから、根源的な〈ずれ〉、〈ねじれ〉へと遡ることなのだから。

とはいえ、フランスにおいても、二〇〇五年の暴動は、政権による脱政治的な置き換えの仕掛けの中で別のものへと解体されたのである。以下では、それについてみてみたい。

二〇〇五年のフランス暴動

二〇〇五年一〇月、フランスで、移民の少年二人が不審者として警察に追跡されている中、逃げ込んだ発電所内で感電死した。これをきっかけにパリ郊外で路上駐車された車への放火が相次ぎ、放火はフランス全土に飛び火した。少年たちが追跡された背景にあったのは、パリ郊外の移民が住む団地での、移民に対する社会的差別や、警察による不当な日常的な暴力である。

戦後、フランスは経済成長のためにアルジェリアなどの旧植民地から移民を多く受け入れてきた歴史がある。成長期には、郊外に工場が建設され、その周囲にはそこで働く従業員用の団地が建設され、多くの人々がそこに住んだ。しかしオイルショック以後、不況のため工場は閉鎖され、郊外の団地から豊かな人々は去っていった。そして残された貧しい移民たちが取り残され、政策、社会からも置き去りにされる結果となった。

こうしたことを背景とするこの暴動は、たとえ明確な声明が行われなかったにしても、当時の内務大臣であったサルコジの移民の若者への差別的発言や移民に対する職業差別、警察による日常的な蛮行への怒りからくるものであったことは間違いない。ここからこの暴動を、政府の移民政策、さらには政府の〈統治〉の正当性に対する異議申し立てとして見る見方も可能であるだろう。
このフランス全土に広がった放火の映像は、フランス国内だけでなく世界中に伝えられた。つまり、政治的舞台から締め出された民衆が、その公的な舞台にまで、言葉ではないにしても反対のメッセージを届かせようとしたと言えるだろう。

政治的置き換えとしての「敵対の転位」

しかし、フランス政府は、声明において、この暴動を政府への異議申し立てのアクションとしてではなく、単に郊外の移民の不良少年たちが憂さ晴らしでやった「騒ぎ」として理解することを求めた。

〔当時のフランス首相〕ドヴィルパンは、三ないし四名の死を「暴動」から切り離すばかりではない。一連の出来事は emeutes（暴動）ではなく、troubles sociaux（社会的騒乱）であると訂正している。それは、「暴動」が民衆蜂起、すなわち体制に対する異議申し立てではなく、社会問題の次元に還元可能な騒ぎだったということを意味している。（増田 2006：72）

ここに、置き換えを見て取ることができる。そしてこの置き換えは複数の役割を担っている。

一つは、空間に関するものである。すなわち、より大きな〈政治的〉空間からとらえれば、放火は政府の〈統治〉への異議申し立てという政治的意義を持ったものだとみなすことができるが、政府はそのような見方を変形し、放火を〈社会的〉空間での犯罪行為とみなした。

ここにある置き換えの機能は空間的に〈分断〉することである。すなわち、政治的舞台（公的空間）と、そこから締め出された民衆（毎日の生活に追われる社会的、私的空間）との分断である。この分断は、政治的舞台へと異議申し立てのメッセージを届かせようとしたアクションを、再び、私的空間である社会空間に引き戻し、そこでの不良少年の犯罪行為にまで引き戻す。あるいはこうもいえるだろう。ここにあるのは、空間から政治的空間性を抜き取り、犯罪取締りの対象となる私的空間性、地域社会空間性でそこを意味づけ直すことである、と。

あるいはここに、置き換えの別の機能として、酒井隆史の言う「敵対の転位」を見出すこともできる。

ポール・ヴィリリオは、この「転位」を境界線の区別から考えようとしている。一つは〈外植民地化〉と呼ばれる運動においてである。これは国家間に位置づけられる境界線に関わるものであり、この境界線を挟んだ敵対を指している。これは近代以降の、領土拡張を進める中で生じてくる他国との戦争という形で現実化されたものであり、概ね第二次世界大戦まで機能した。

次に、〈内植民地化〉と呼ばれる運動がある。第二次世界大戦以降、領土拡張を目指すことをやめた諸国家において、平和の時代が訪れたのかといえば、そうではない。今度は、境界線が国家内部に撤退した。つまり、国家は今度は自らの国民を植民地化し始めたのである。したがって、この境界線は国家と国民を敵対させるものとして機能する。一方で、ポーランド、カンボジアなど、自国民に対して弾圧を激しくした国家があった。他方で、別の国々では六〇、七〇年代に、国民が国家への敵対性を露わにした。イギリスの労働争議、フランスの六八年革命、アメリカの公民権運動など。つまり、この境界線を挟んだ敵対は、一方では国家権力による弾圧、他方で、民衆による異議申し立ての運動という形で現実化された。

そして最後のものが、国民同士のいがみ合いである。この敵対は、国家内部に撤退した境界線を挟んで機能するのだが、しかし今度は、この境界線は国家と国民の間ではなく、国民同士の間に引かれるのである。

この「敵対の転位」という概念のポイントは、〈差異〉の哲学に立脚しているところにある。すなわち、この哲学が前提として据えるのは、〈差異〉は絶対に消えない、というものである。戦争がなくなったとしても、〈差異〉（敵対）が消えるわけではない。この〈差異〉（敵対）は、国家内部での国家と国民との間に転位するにすぎない。また、こういう闘争の時代が終わったからといって〈差異〉がなくなるわけではない。今度は、国民同士の間に転位するにすぎない。

注意すべきなのは、この転位が、決して発展論的なものではないということである。今日でも、敵対は、国民同士の間にもあるし、国家と国民との間にもあるし、国家間にもある。一つの局面で争いがなくなったとしても、その〈差異〉自身が消えたわけではない。〈差異〉はどこか別の場所に移動したにすぎないのである。

戻ろう。暴動の政治性を別のものに置き換えようとするものとして、以上のような「敵対の転位」を見出すことができるだろう。つまり、暴動を不良少年たちによる「騒乱」とみなすことによって、フランス政府は近隣住民に、不良少年たちを迷惑で危険だと感じるような感覚を抱かせるのだが、これが狙いとするのは、民衆の政府への異議申し立ての感情を、近隣住民と移民の若者たちとの間の敵対性へと転位させることである。これについては、暴動の際、バリバールらによって出された政府への声明にも指摘されている。

フランス政府がしようとしているのは、市民たちの間に相互的な憎悪を撒き散らし、「国民」とその内部の敵の間に境界を作り出し、郊外や恵まれない地域を民族的なゲットーの地位に陥れ、それらの場所ではいかなる経済的な自発性もいかなる社会的回復の試みも全て挫けさせ、市民による行政管理の作業や公的サービスの実行も不可能にしてしまうことである。

（バリバールほか 2005＝2006：10）

当時内相だったサルコジはこの暴動に対して強い姿勢で対処し、以前の問題発言であった、彼らを「社会のクズ」とする発言をこのときも繰り返した。しかし、置き換えを成し遂げるには、そうした不道徳をあえて犯さなければならなかったのである。つまり、そう発言することで、社会の良識ある市民を、彼らを「クズ」として敵視しようとする流れへと巻き込み、味方につけようとしたのだろう。実際、このやり方は功を奏したといえる（というのも、その後の大統領選を勝ち抜いたからである）。

整理すると、以上の置き換えによって、この暴動のもっていた政治的なものとしての係争的側面が二重に無力化されたのである。すなわち、その暴動の動作主が単なる不良少年たちだと見なされることによって、①暴動は、垂直的な係争（支配する舞台へとあがること）から切り離され、共通世界から分断された（「やつらは犯罪者であって、公共空間から遠ざけてしかるべき存在者だ」＝社会問題化）。②さらに、その暴動のアクションは、不良少年たちによる単なる憂さ晴らしであり、それは近隣住民からすれば迷惑行為だと見なされることによって、政権による支配の関係に対する垂直的な係争であったはずが、世代間、あるいは住民間の水平的な敵対関係、いがみ合いへと置き換えられた。

まだある。置き換えのさらなる機能として次のものが予想される。それは、政治的無意識に罪悪感を植えつける可能性である。「不良少年」というようなレッテルを貼り、暴動を犯罪行為と見なすことによって、警察の治安強化、取り締まり強化は強力な口実を得ることになるだろう。そして、取締りを強化することによって、街頭、都市空間の抑止力が高まり、異議申し立てのアクションを起こしにくくなるだけでなく、政治的アクションを起こすこと自体に罪悪感を抱かなければならなくなる。若者が街路を目的もなくぶらつくだけで、「不良少年」と見られるがゆえに、彼らは街路に出ることさえしなくなるかもしれない。

警察からポリスへ

以上、置き換えを三つの観点から見てきた。空間的分断、「敵対の転位」、罪悪感を持たせること。これらすべてが、都市で民衆の政治を不能にさせる技術であるだろう。

しかしここで留意したいのは、警察の暴力だけを問題にしているわけではないということである。

民衆の政治を不能にしているのは、警察の暴力だけではない。それは脱政治化のシステムの末端にすぎない。というのは、暴動を取り締まった警察は、政治的活動であったものが〈置き換えられた〉後の（迷惑）行為を取り締まるにすぎないからである。

つまり、〈置き換える〉審級は別のところにある。すなわち、政治空間を治安空間にすること、政治的アクションを迷惑行為にすること、政権への敵対を住民とのいがみ合いに向け変えること、政治的興奮に罪悪感を抱かせるといった脱政治化の契機の中に。

ランシエールはミシェル・フーコー（一九二六―一九八四　フランスの哲学者）の議論（とりわけ「全体的なものと個別的なもの」）を継承、発展させながら、この下級警察を末端に保持する、民衆に政治をできなくさせるシステム全体のことを「ポリス的秩序」と呼んだ。

ポリス的秩序は潜在的な水準を対象とし、警察は現動的な水準を対象とする。どういうことだろうか。警察は、政治的活動そのものを取り締まることはできない。警察は、政治的活動が迷惑行為として置き換えられた後にのみ、それを取り締まる対象にすることができるにすぎない。実際、例えば日本ではデモは禁止されてはいない。警察に届け出さえすれば可能である。

とはいえ、デモ中に例えば、使用中の音響システムが警察によって取り上げられ、逮捕されるということが起こりうる。これは政治的活動の弾圧だろうか。そうではない。ここでもやはりこの逮捕は、示威行動の演出のための音響が、近隣住民にとって迷惑行為であるような騒音の類と見なされる限りにおいてなされた（〈置き換えられたもの〉に対する）措置だったろう。

逆に言えば、警察は政治的活動をそれ自体として取り締まることはできない。したがって、政治的活動それ自体は、禁止、弾圧されない。潜在的な水準にある、政治的〈情動〉、活動、熱狂は、警察の対象にはなりえない(3)。

これに対して、ポリスはこの潜在的な情動までも対象にする（これについては次の「オイディプス化」の議論で論じたい）。警察が要請されるのは、このポリス的秩序による政治的アクションの無力化がうまくいかず、それを乗り越えて政治的熱狂、情動が顕在化されるとき、であ

る。この点からも分かるように、警察とはポリスの強さを示すものではなく、ポリスの弱さを補うものなのである。(4)

ランシエールにとって、民衆が政治的アクションを起こしにくくするすべての圧力の源泉として、ポリスは政治の反対の名なのである。そして今日、安全、治安、平和という名の下に隠れて推進されているものこそ、この脱政治化（民衆に政治をさせないこと）なのである。つまり、「あなた方の安全、平和に配慮するがゆえにポリス的秩序になることが望ましいのですよ、ポリス的秩序はあなた方の幸福を願い、約束するものですよ」という外見を与えながら、公的な事柄の取り決めの舞台から民衆を遠ざけ、あるいは、政治的アクションが現実化される前から、それを無力化することが狙いとされているのである。

置き換えとしてのオイディプス化

次に考えたいのは、先に述べた罪悪感を持たせることがどのようにして行われるかについてである。すなわち、民衆をただの住民にする置き換え、つまり、民衆を政治的アクションなど考えずに、秩序を守って生きていく人間にしようとする企てにおいて、政治的主体化の萌芽をなすような無意識的な情熱、情動の芽をどのように摘み取り、どのようにしてそれを迷惑行為だと自己認識させて、それに罪悪感を持つような人間にするか、この精神的な置き換えについて考えてみたいと思う。

こうした置き換えは人間の精神構造のある種の弱点を利用したものだと考えることができる。これについては、ジル・ドゥルーズ（一九二五―一九九五　フランスの哲学者）、フェリックス・ガタリ（一九三〇―一九九二　フランスの精神分析家）（以下ＤＧ）の『アンチ・オイディプス』

（3）本書で使用する、政治的〈情動〉という或る種の情念を表す用語は、ドゥルーズ、ガタリから借りてきている。それはまず、個人的な感情 affection とは区別された、本来的に集団的な情念を示す affect のことを指す。
さしあたりこの情動を、政治的活動へと主体を駆り立てるエネルギーのようなものだと考えておけばいいだろう。この場合、まずそれとは異なるものとして区別しておきたいのは、いわゆる「クレーマー」のような主体化へと人を駆り立てる私的な「憎しみ」の否定的エネルギーである。これに対し、政治的情動とは、先にもあるように、公的な事柄に関わる、何らかの不正に対して自分の意見を表明し、それを変えていこうとする、何かに対する「怒り」のエネルギーであり、その問題に関わる多くの人びとに共有される、集団的で積極的なエネルギーだということである（「怒り」と「憎しみ」を区別するよう求めていたのはエドワード・サイードである）。

また、すでに少し触れたが、社会的なものに保護されることに身を任せようとする、受け身の感情とは区別されるものであり、社会的なものの外に踏み出そうとする、リスクと責任を負った感情だということである。後に、この情動が、いかに囲い込まれ、枠づけられてしまうかということを、もう一度詳しく論じることになるが、このように記述すると分かるように、これは人間にとっていわば尊い情念であって、警察権力がいかなる理由といえども、これを取り締まることは不当なのである。後に、この情念が友愛という型で開花するということにも触れたい。
（4）「いくつかの国で、下級警察がポリスの機能全体を担うまでに増強されているのは、この「ポリス的」秩序の強さではなく弱さのせいである。」（ランシエール 1995＝2005：59）

（一九七二年）が参考になる。DGは、いわゆる「オイディプス・コンプレックス」をその弱点と考えており、これを、六〇、七〇年のフランスの精神分析医が実際の患者の治療に利用したことに対して、精神分析の理論の深層を含めて批判した。

ここではさしあたり、精神分析を次のように考えてみたい。すなわち、この種の弱点が要因となりながら、人はいかにして精神の病にかかるか、ということを諸々の事例を通して分析するものである、と。そうすると、精神分析に欠けているのはひとまず次のところにあるようにみえる。すなわち、精神の病に陥ることなく、逆に精神構造の利点が異常なほどに（何かの病気に見えるほどに）発揮されることによって、ある種の潜在能力を爆発的に開花させるに至った人間が存在するが（例えば画家のヴィンセント・ゴッホやラカンが晩年に取り上げた作家、ジェームス・ジョイスなど）、分析の対象とはならないというところに。というのも、もちろんそうした人間は「分析」を必要としない（分析医に「転移」しない）からである。

しかし、このことで精神分析を批判することはできない。それだと単なる「ないものねだり」にしかならないからである。精神分析を批判しなければならなくなるのは、次のようなところからである。すなわち、精神構造の利点が発揮され、潜在能力を開花させた、例えば芸術家の奇妙な作品、狂ったような作品を開花とは考えずに、歪んだ精神構造による病気、正常に治すべきものと解釈し、開花であるはずのものを圧し潰そうとし始める場合である（精神病院に監禁され、治療と称して電気ショックを浴びせられた、劇作家、俳優のアントナン・アルトー）。つまり、ある種の強度を生きようとした真に強烈な経験（「人間」という概念をはみ出すような経験）を、〈オイディプス化〉しようとする場合である。

DGはフロイト（一八五六―一九三九）の有名な症例であるハンス少年やシュレーバーなどに、このような連れ戻し＝オイディプス化を見出し、それを批判した。しかしこうした連れ戻し＝オイディプス化、神経症化を行うのは、単に精神分析だけに留まらない。文学批評においてカフカが曝されたのも、「オイディプス・コンプレックス」を破壊してその先に向かおうとした欲望を、このコンプレックスにかかった人間として解釈しようとした、神経症化だったのである（『審判』に出てくる主人公Kに罪悪感を見出そうとした文学批評）。

したがって、精神分析という学問（の中の一部）だけが問題なのではなく、本来の健康な欲望を、神経症化しようとする試みが様々な領域でなされているのであり、今日行われている、フリーターや民衆を脱政治化しようとするあらゆる企てにも、こうした神経症化、オイディプス化を見出すことができるのである。

例えば、先に見たような、暴動を迷惑行為と見なす視線、また当人が政治的熱狂への欲望に対して罪悪感を抱くようになってしまうというような場面にも、ある種のコンプレックスをいかに抱かせるかという企てが見出されるのである。

政権の維持、ポリス的秩序の維持のためになされる、エリートたちの強硬な言明、警察の出動、テレビ画面の恣意的構成といったものは、この種のコンプレックスを利用することなしに置き換えを遂行することはできないだろう。ではそもそも「オイディプス・コンプレックス」とは何か。

オイディプス化

「オイディプス・コンプレックス」とは、簡単に言えば、父を殺し、母への近親相姦的欲望を抱くとされるものである。DGによれば、フロイトは、患者の行き詰った欲望を、しばしば家族内の私、父、母、という三角形に当てはめ、「お前のその欲望は父への敵対の欲望だ、あの欲望は母への近親相姦的欲望だ」というように解釈した（とはいえ、それはフロイトの理論体系の小さくないとはいえ一面にすぎないものであり、フロイトの仕事の長い行程の中で何度も書き換えられていった、その体系の全体が、オイディプス化を目指すものではないということは述べておかねばならないだろう。また、こうした一面があるにしても、フロイトが《無意識》を発見したことの意義それ自体がなくなるわけではないだろう）。

DGによれば精神分析は、強烈な欲望を、超えてはいけない一線を越えようとする近親相姦的欲望とみなし、それを〈抑圧〉することによって、解決が訪れるとした。そして、〈抑圧〉を可能にするために、強烈な強度的欲望、本来は近親相姦などを目指していない、何か未知なものへと向かう欲望に、近親相姦というイメージをかぶせ、それを目指しているかのように思い込ませるという置き換えの手法が必要とされたのである。したがってDGは、近親相姦的な欲望は、置き換えられた欲望、おとりに囚われた欲望でしかないと見なす。

オイディプス的欲望とはおとりで〔…〕あって、これによって抑圧は、欲望を罠にかけるのだ。欲望が抑圧されるのは、それが母への欲望であり、父の死を欲するからではない。逆である。欲望がそういうものになるのは、それが抑圧されているからであり、欲望がこうした仮面をつけるのは、それが抑圧のもとにあって、抑圧が欲望に仮面をつくり、仮面をかぶせているからにすぎない。（ドゥルーズ、ガタリ 1972＝2006：222–223）

つまり、患者が何か行き詰った欲望を抱えて葛藤しているとき、DGによれば、それを精神分析は近親相姦的欲望とみなす。「そのような忌まわしい欲望をおまえは抱いていて、それを抑圧し切れないのがつらいのだ」、と。「だから、もっと抑圧しろ、抑圧する自我を強くしろ」、と。

しかしDGによれば事態はそのようなものではない。もともと近親相姦的な忌まわしい欲望などない。欲望は最初は歪んでいない。近親相姦的な欲望が出てくるのは、抑圧された後からである。抑圧されることによって、偽の仮面（近親相姦的欲望）を被せられるのである、と。

抑圧は、こうした置き換えなしには作動し得ないのであり、抑圧以前の、本来の欲望に戻る必要があるのだ。ではなぜ、この本来のもとの欲望は抑圧されることが推奨されるのだろうか。それは、危険だからである。だが、危険というのは、母を欲望するから危険なのではなく、社会を転覆するから危険なのである。

欲望が社会を脅かすのは、それが母と寝ることを欲するからではなくて、それが革命的であるからなのだ。（ドゥルーズ、ガタリ 1972＝2006：223）

精神分析は、神経症者を必要とする。それは制度を普及させるために必要だからだ（DGは精神分析の制度化、運動は、オイディプスの帝国主義の一種の敬虔な布教活動だと述べている。おそらくポリス的秩序もまた、神経症者を必要とする）。そして、神経症ではない者までも、神経症化、オイディプス化される。DGは、この越権行為に対して批判し、この置き換えられる前の欲望を発見しなおすことを試みたのである。

すでに述べたように、このようなオイディプス化は、今日の社会においても至る所で作動している。そして政権、ポリス的秩序は、これを必要としている。というのも、フリーターたちの欲望が置き換えられ、政治的熱狂を抱くことに罪悪感を抱く（あるいは人々が政治的熱狂に向かうのではなく、互いに憎しみ合う）ほうが、政権にとって、都合がいいからである。また、フランス暴動の例で見たように、実際、街路で生起している政治的熱狂に対しても、神経症化する必要があったのである。つまり、政治的情動を、単なる迷惑な犯罪行為にし、それに罪悪感を持たせ、抑圧するよう仕向けることが必要だったのである。

左翼と右翼

フランソワ・ズーラビクヴィリ（フランスの哲学者）は左翼と右翼について次のように明快な定義を与えている。「潜在的なもの、これを否定するのが右翼であり、これを計画として表象することで変質させてしまうのが左翼なのだ」（ズーラビクヴィリ 1998＝2006：41）[5]。ここではこれを受けて、真の左翼とは、潜在的なものを信じる立場、と加えつつ、これまでの議論につなげてみたい。そうするとどうなるだろうか。左翼の役割とは、政治的情動、われわれがもはや思い出すことができないほど抑圧されてしまっている、こうした情動、つまり一種の潜在能力を呼び覚ますことにあるといえるだろう。これに対し、右翼とはこうした潜在能力を信じない人々を指す。つまり、政治的情動を迷惑行為とみなす警察のまなざしの側に立ち、こうしたものを取り締まるべきだと考える人々のことを。また、だめな左翼は、この潜在能力を実体化するという愚を冒す人々、例えばある種のユートピア的表象を生み出すことに専心してしまう

（5） 実際には、ズーラビクヴィリの議論は、ここに、〈可能的なもの〉の概念が加わっておりもっと複雑である。

人々のことを指すことになるだろう。

ここまで論じてきたように、置き換えは様々な段階、様々な領域で行われている。制度改革、法改正、政党の派閥争い、「敵対の転位」、マスメディアの言説のレベルでの置き換え、無意識内での置き換え、というように。今日、政治的主体が無力であり、政治的無関心といった状況があるとすればそれは、私たちの政治的主体性が、すでにあまりにも多くの置き換えを経た後にいるため、最初の政治的情動が何であるかが分からなくなってしまっているということが考えられるだろう。あまりにも多くの置き換えに引き裂かれているので、自分自身の欲望が何であるのかが分からなくなっているのだ、と。

ランシエールが明らかにしたのは、置き換えが行われる前の、〈ずれ〉〈ねじれ〉がどこにあるか、ということであり、置き換えにさらわれる前の政治的情動、熱狂とは何かという基点である。

すでに述べたように、左翼的なオルタナティヴは幻想であり、また、ユートピア的表象が必要なのではない。というのも、それらもまた置き換えられたものにすぎないからである。置き換えを回避し、粘り強く政治的情動に立ち戻り、さらにこれを「演劇的」(ハンナ・アレント)に現実化することが求められているのである。

第三章　政治的情動とフランス六八年五月革命

純粋な政治的情動

ここで先の議論について確認しておきたい。

先の二分法、すなわち、民衆の〈顕在化〉された政治的活動と、民衆の〈潜在的〉な政治的情動という二分法で考えるなら、前者は警察の取り締りの対象になり、後者はポリス的秩序のオイディプス化（神経症化）による抑圧の対象となる。しかし、後者の場合であっても、政治的情動、政治的無意識というものは完全に抑圧されるわけではない。それは抑圧から逃れて何らかの仕方で必ず現実化され生きられるものだという前提がＤＧ（ドゥルーズ、ガタリ）にはあり、ランシエールがいう民衆はこの前提なしではありえない主体だろう。そして、この政治的情動を生きることにこそ民衆にとっての自由があるとみなすことができる。この自由を侵害することは誰にもできないはずだ(1)。

そこで次のような出発点を措定することができる。警察の取り締まりを恐れたり、近隣住民に不審な行動と見られることを恐れたりすることはあるにしても、民衆が政治的情動を内的に生きることそのものは禁止されることはありえないという出発点を（自白装置のようなもので心に何を思っているかを調べられ、それが権力にとってよからぬものであれば、まだ何も行動していないのに逮捕されるなどということは少なくとも今の時代ではないだろうから）。

そうすると問いは次のようになる。では、何も恐れることなく、堂々とできるような政治的情動の顕在化の方法、政治的活動はどのようなものなのだろうか、あるいは、警察による取り締りの対象にも、ポリス的秩序による抑圧の対象にも入らないという意味で〈純粋な〉政治的情動（犯罪行為のようなものと混同されずに区別できるという意味で〈純粋な〉）というものはありうるのだろうか、と。

政治的情動がまだ現実化、具体化されないままの、心に抱かれている潜在的な状態にあれば、それを取り締りの対象とすることはできない。しかし、それを少しでも現実化し、なにかしら具体的なアクションにするいなや、たちまちそれは秩序を乱す行為（暴力行為、迷惑行為）と見なされかねない。

投石、放火、バリケード封鎖のみならず、デモ行進での、大音量で流す音楽の音、拡声器を通じた呼びかけの声、プラカードに書かれた文字、服装等々、あるいはデモ行進それ自体から

（1）　DGが批判した、当時のフランスでの精神分析の臨床の現場は、患者の政治的無意識をおとりで置き換え、抑圧させること、つまり患者を神経症化させることだけで満足しようとした。とはいえ、神経症化することが治療そのものになりうるのだとすることにも理由はないわけではない。どういうことだろう。おそろしい「現実喪失」に苦しめられている精神病者が、罠だとはいえ、あるオイディプス（そもそも望んでいなかった対象）を欲望し始め、まさにこのことによって自分自身の手に負えない欲望を抑圧することに成功することがあるのだが、このようにしてとにもかくにも現実喪失と呼ばれる状態を免れることは、臨床の現場の現実主義では、患者から苦しみを取り除くという点では治療とみなしうるからである。

しかし、この場合、「現実喪失」という概念自体が、神経症的なある種の平穏状態を良しとする前提の上で、措定されているところに注意しなければならない。例えば、精神病を説明する際にこの概念をしばしば用いる論者としてスラヴォイ・ジジェク（一九四九―　スロベニア出身の思想家）がいる。ジジェクはラカン後期の現実界に重点を置く理論構成にしばしば依拠しつつ議論を行っているが、しかしジジェクの理論的限界は「精神病的現実喪失」を神経症の側からしか理解できないところにある。これに対し、DGは、現実喪失として否定的に捉えられるような状態は、実は、何かが喪失されつつあることの苦痛なのではなく、満ちているのに、そこから先に進ませてくれないことの苦痛なのだと考える。つまり、「現実喪失」の苦痛とは、現実が失われることの苦痛ではなく、それを理解しようとしながらできずにいるちっぽけな自我の苦痛なのである。

ここにおいてDGの態度はきわめてはっきりしている。強烈な経験へと向かおうとしながら、しかし自我を失うことを恐れてしまう精神病者から、その恐怖心を取り除くことである（逆に、この恐怖心を植え付けることこそが、激烈な欲動を罪悪感で圧しつぶそうとするオイディプスの役割であり、神経症化の狙いである）。こうして、分裂者分析からすれば、現実喪失は経験の爆発的な拡張という点で肯定されるものであり、経験の拡張を許容できない自我の苦痛はたいした問題ではない。

してすでに、何らかの迷惑行為と解釈されかねない。実際、デモは権利として認められながらも、街路でのデモ参加者を「道路交通法違反」などで逮捕する事件が近年いくつか見られる。

そうすると、純粋な政治的情動の純粋な現実化などというものはありえないことなのだろうか。アクションを起こすやいなや不純物、つまり警察の取り締まりの対象と解釈されてしまうという意味での不純物が伴うのは仕方がないのだろうか。だとすれば、民衆は自らの政治的情動をいつも抑圧して生き続けることを運命づけられているしかないのだろうか。民衆は余計なことをし、迷惑行為をして秩序を乱す人種と見られても仕方がないのだろうか。

このような問いが明らかにするのは、今日の都市空間がいわば恐怖空間、ストレス空間になっているということである。政治的に自由な振る舞いですら、他人に迷惑をかけるかもしれないと脅迫され続けている心理状態に絶えずおかれているのだから。しかし、このようなストレス空間はポリス的秩序化の結果だという前提を据える必要がある。この空間は自明なものではなく、一部の特権階級にとって都合がいい人工的に構築された空間なのだと。また、ここで、ポリスとは政治の否定そのものだ、というランシエールのテーゼを確認しておきたい。

オイディプス化の問題で明らかにしてきたのは、この抑圧された民衆の政治的情動が、現実化されるやいなやポリス的秩序によって、何らかの仕方で捕獲されるということ、あるいは、そのことが警察などの力によって強く示されるので、人は、自分の内的衝動を自分自身で罪悪感を持ちながら抑圧し始めるということであった。

しかしこれは、政治的活動の〈回収〉の一つのやり方でしかない。これ以外にも、民衆の政治的情動は様々な角度から包囲されている。

前章では、政治的情動が〈置き換え〉られるという契機を見てきた。これは、まだ活動が現実化される前に、潜在的領域において方向転換させられて（置き換えられて）、別のものとして現実化されると同時に、その一方で本当の情動は抑圧され否定されるということを指している。

これに対し本章では、民衆の政治的情動が政治的活動、政治的運動として現実化された後の場合を考えたい。すなわち、この現実化された活動は政治権力によってどのようにして包囲され、回収されるかを考えてみたい。

このような観点から、DGは、置き換えを徹底的に拒否し、その現実喪失をもたらす欲望（繰り返すが、この欲望においては、現実そのものが喪失されるのではなく、自我の理解を超えたところにあるものが経験される）を抑圧せずに、創造的に開花させる方向を分裂者分析で提示する。もちろん一歩間違えば、陰鬱な自閉的身体へと墜落する危険を示しつつであるが。今日のポリス的秩序は、そのような創造的エネルギーを邪魔ものとし、神経症化すること（罪悪感を抱かせて抑圧すること）を望んでいる。だからこそ、ポリス的秩序においては、芸術的経験は無用なものだというように否定的なものにされるのである。

日本の六八年を取り上げないさしあたりの二つの理由

これを考えるにあたって、以下では、二〇世紀において特権的な例であると思われる、一九六八年に世界中で起きた（革命的）出来事を取り上げたい。というのも、その出来事において、民衆の抑圧されていた潜在的な不満が、外に爆発的に噴出し、秩序を打ち破って、実に多種多様な行動、活動、運動となって顕在化されたからである。

とりわけ、後で述べる理由から、フランスで起きた六八年五月革命を取り上げたいのだが、その前に論じておかねばならないのは、なぜ日本の場合を取り上げないのかということについてである。日本にも、安保闘争、全共闘運動などがあったからである。しかし本書ではこれらについては取り上げない。その理由として、さしあたり二つの理由を挙げておきたい（連合赤軍がもたらした陰惨な事件が、何ゆえにそのような結末へといたったかについては、終章で述べたい）。

確かに、日本においても、民衆の政治的情動は、学生運動や労働運動といった形で爆発的に現実化された。しかし、ここにおいて、初発の民衆の政治的情動は、参加者たち主体集団を律していた様々な〈組織〉化の力によって、大きく別のものに変形させられたということがあった（例えば、革マル派の「組織戦術」は自分たちの勢力を拡大、維持するために、他党派を解体することなどを目指した）。それが、セクト化による自閉やセクト間の内部「ゲバルト」（いわゆる「内ゲバ」。ゲバルトとは暴力闘争のこと。参加者たちはヘルメットをかぶり、ゲバ棒と呼ばれた角材を手にしていた）を生み出した。つまり、政治的情動は、現実化されたとはいえ、それは主体集団の内的論理そのものによって、歪んで外在化されてしまった。これが理由の一つである。

さらに、闘争が暴力的形態をとったこともあって、とりわけ警察権力（ポリス的秩序化）によって徹底的に弾圧、回収されたということがあった。問題は、この弾圧、回収があまりにも徹底的だったため、以後の時代において人びとはこの民衆の熱狂の出来事を否定的に見ることしかできなくなったという事実にある。いまなお揺らぐことなく機能している、この出来事への否定的な見方を解体して、肯定的な見方を打ち立てるには相当の努力が必要だと思われる。これがもう一つの理由である。

日本の場合、一方で、初発の民衆の政治的情動によって駆動された様々な運動は、様々なイデオロギーを掲げた諸々のセクト（中には過激化していくものもあった）によって分割された。これによって、初発の民衆の政治的情動は、既存の闘争の形態の中に閉じ込められただけでなく、特定の要求、特定の利害関係へと分解され、それらの間の不毛な敵対関係へと閉塞していった。この結果としてよく知られているのが、連合赤軍による仲間のリンチ殺人事件や、一九七〇年代の中核派、解放派（革労協）と革マル派との間で繰り広げられた「内ゲバ」（百人以上の死者が出たといわれている）である。

しかし他方では、よく知られるように、このような攻撃的、急進的な運動について行けない学生が、運動から多く離脱した。

したがって、ここでの民衆の多様な政治的情動は、一方のセクト化の自閉の流れと他方の離脱（分解）の流れに大きく分けることができる。主体集団のセクト化の自閉への流れが、一方では暴力行為へと出口を見いだし、これが、警察によって弾圧されたのだが、しかし他方で、主体集団のセクト化について行けない人びとは、その流れから離脱した。ここで問うべきなのは、閉じた形態の中で、暴力行為へと向かわなかった流れはなかったのか、またさらにその流れは、どこに出口を見いだそうとしたのか、あるいは、閉じた形態から離脱した政治的情動の流れは、どこに向かい、どのような形態の中で現実化されたのだろうか、というものでなければならないだろう。というのも、当然、運動というものは、一枚岩ではないからである。ミクロの次元で民衆の政治的情動を流通させた、おそらくは非常に複雑な鉱脈をこのような問いによって追跡しなければならないだろう。

しかし、いまなお新左翼運動は、行き詰まりとの関連でしか理解されていないように思われる。つまり、東大安田講堂占拠事件における立てこもった学生と機動隊との衝突（一九六八―一九六九年）や、赤軍派日航機よど号ハイジャック事件（一九七〇年）、連合赤軍によるあさま山荘事件（一九七二年）などのような暴力的「スペクタクル」と、民衆の政治的情動とがしばしば混同されてしまっている。しかし、両者は区別されるべきものである。

日本の「新左翼」（民衆による左翼運動）において、この区別が明確に行われていないというところに、戦後日本の民衆の政治的運動の理解についての致命的な損失があることは明らかである。この区別が行われていないからこそ、新左翼的な政治活動には、秩序を乱す暴力的、破壊的不穏分子というような暗い影がいまだにつきまとっているにちがいない。

国家プロジェクトとしてのポリス化

しかし日本の場合、悪いことに、警察による赤軍の指名手配ポスターから類推されるような、運動に対する罪悪感、嫌悪感の内面化の流布が、それに参加しなかった一般市民だけでなく、運動の参加者自身にも浸透したということがあった。

ところで、一部の過激化したグループだけが焦点化され、民衆（学生、労働者）の政治的熱狂の出来事全体を、ポリス的秩序を乱すものとして否定的に見る見方、つまり、社会学的犯罪類型に当てはめる見方に従属させることに最も大きく貢献したのは、テレビだろう。

史上最高視聴率（約九〇％）の記録を打ち立てたあさま山荘事件の中継映像が日本の国民に対し、新左翼運動が秩序を乱す騒乱だという否定的なイメージを植え付けることにどれほど貢献したかは、いくら強調してもしすぎることはないだろう。というのも、周知のように、学生運動はこれ以後急速に衰退していったからである。

それ以後も、テレビは昭和の歴史を振り返る番組などで、陥落寸前の東大の時計台に立てこもる学生が放水を浴びせかけられる映像や、逮捕寸前の赤軍が立てこもるあさま山荘が巨大な鉄球で破壊される映像などを繰り返し放送したが、このことによって、後の世代にもこの出来事への否定的なイメージを植え付けることに貢献したと言える。

「スペクタクル」化されたこの出来事が流通したということが意味するのは、視聴者である多くの人々（テレビ視聴者という主体性もまた、政治無化のプログラムに組み込まれた無政治的主体性に他ならない）が、この否定的なイメージを受け入れ、賛同したということだろう。また、その後の社会は、これら運動の参加者たちを受け入れなかったということもあった。

以上のことから、ここに、政権、警察、マスメディア、社会が連動しながらの国家プロジェクト、すなわち、民衆が政治的活動を起こすことに罪悪感を抱かせるためのポリス的秩序化の最大の日本版国家プロジェクトがあったと言っていい（もちろん、このプロジェクトは、今日なお進行中である）。(2)

問題なのは、すでに述べたように、警察に対象化され弾圧された暴力集団へと変質してしまった運動の主体集団と、初発の政治的情動に駆動された主体集団としての民衆とが混同されているというところにこそあるのだ（マスメディアは、意図的にこの混同を演出したといえる）。

今日なお、民衆の政治に対してシニカルな態度をとるのは、日本人が、民族的あるいは文化的な理由等々によって、政治に無関心だからではない。この国家プロジェクトが成功し続けているからだと考えるべきなのである。日本人についての文化論や精神論もまた、このような民衆にとっての政治問題を別のものにすり替えることに、たとえそれが意図されたものではないにしても、貢献しているのである。

フランスの六八年五月革命を取り上げるさしあたりの理由

当時の民衆運動の出来事は、今日なお、人々によって分厚くされたこの否定的なイメージに覆われている。すでに述べたように、このイメージを突き破って、当時の学生運動に、初発の民衆の政治としての学生運動、出来事としての学生運動に忠実であるような理解を得るには相当努力が必要だと思われる。

日本の場合、初発の民衆の純粋な政治的情動を引き出すためには、二重の努力が必要なのである。これもすでに述べたように、ポリス的秩序を乱すという否定的なイメージを突き破ること、細分化されたセクト主義の組織性に絡み取られる以前の状態へと政治的情動を連れ戻す

(2) 内野儀(内野 2005:143)によれば、アメリカでの、「一九六八年」的なものの記憶の抹消を国家的・国民的プロジェクトとして推進するエンジンとなったのは、九〇年代以降の「ベルリンの壁崩壊」とレーガン政権以降のネオリベラリズムへの権力形態の移行がもたらした「経済復興」である。もちろんそれに対して行われた抵抗もあったが、それは例えば、きわめて巧妙に飼い慣らされたものとしての「多元文化主義」という形で行われたにすぎないと内野は指摘している。

ことである。

近年、一面的な理解を解体するような、多面的な理解を構築しようとする仕事が行われつつあるとしても、まだまだこの六八年の運動に、民衆の政治性を再発見するには時期尚早であるように思われるし、本書がそれを遂行することは手に余る。

これに対し以下で、フランスを取り上げるのは、一つは、フランスの場合、日本とは違って、ヘルメットにゲバ棒という暴力闘争の形態をとらず（当時の映像を比較すれば一目で分かる）、また赤軍のように銃や爆弾による武装化へと進まなかったため、日本ほど悲劇的な結末を迎えなかったからである。五月の主人公だった学生たちが武装蜂起の道を選ばなかったことについては江口幹が次のように述べている。


［学生たちは］そのつもりになればそれ［武装蜂起］はできた、とする有力な説がある。武器を供給しようとする試みがあったからである。しかし彼らは、それを拒否した。彼らが、軍事路線や即座の権力奪取、それによる自分たちの権力樹立、という方向に進まなかったのには、それなりの理由がある。学生たち、少なくとも特に三月二二日運動の中心メンバーたちが、ロシア革命がいかに変質したか、知っていたからである。（江口 1998：154）

その分、日本にあったような、政治的活動と暴力行為が区別がつきにくくなるような事態を免れることができたと言えるだろう。また別の理由として、日本にあったような、運動がセクト（五流一三派と呼ばれる新左翼党派）間抗争への自閉に向かわずに、むしろ外向きに開花していったということが挙げられる。もちろん、運動内部に分裂が全くなかったわけではないが、(3)とはいえ、運動の母体となった、三月二二日運動（ベトナム戦争反対のデモに加わり逮捕された仲間の釈放を求め、この日から大学占拠など直接行動を開始した）の行動委員会方式や、それ以外にも後で述べる「言葉の爆発」は、政治的情動を既存の枠組みを超えたところへと多種多様な仕方で現実化した。

そして、それらについての観察、記述、考察が、新聞や雑誌、書物に書かれ、論じられ、当時からそれらを支持する肯定的な見方が多かったということもあった（もちろん、後でも取り上げるように、否定的な解釈も多く生み出された）。この出来事についての肯定的なイメージが残り

(3) 江口の整理によれば、五月革命は、大義のはっきりしない学生主体の流動的な三月二二日運動型の運動の発展と、それを「自派の影響下に統合して利用しようとする、各種既存組織の画策」（江口 1998：80）の間の力関係の変化として捉えることができる。つまり、一時は連帯したとはいえ、学生と、労働組合や教職員組合のような組織、左翼政党は結局互いに相容れなかった。一九六八年五月二五日、労働組合（CGT）は、学生戦線から離脱し、政府と協定を取り交わした（グルネル協定）。このあたりから政府の反撃もあって、徐々にストは中止され、労働が再開され、事態は収束していった。したがって、ここで主に注目したいのは、学生たちによる三月二二日運動型の運動の多様性ということになる。

続けたのは、出来事を否定的なイメージに回収しようとすることに当時から抵抗した思想家やジャーナリストたちの存在のおかげでもあるだろう（後で、これらの思想家たちの見解を参照する）。

日本において、過去四〇年の間に形成されてきた、左翼運動に対する分厚い否定的なイメージを突き抜けて、罪悪感を抱くことなく、またシニカルになることなく、民衆の政治、政治的情動についての想像力を喚起することは簡単なことではない。これに対し、フランス六八年五月は、この、日本の左翼についての否定的なイメージの喚起パターンを経ることなく、民衆の政治についての肯定的なイメージが可能であることを比較的容易にしてくれる点で貴重ではないだろうか。

今日の私たちにとって、この肯定的なイメージこそが欠けているものだろう。このイメージを持つことを、過去の歴史が妨害しているのなら、その限りにおいて、この歴史との切断も必要になってくるのではないだろうか。これについては、先に参照した松本哉の見解が参考になる。彼は、一九九〇年代後半の大学在籍中から、今の日本の大学生が持っている現実感覚に基づいた独自の「マヌケな」闘争を、繰り返し試行錯誤してきたのだが、その経験の中で手にした真実の中に、一九七〇年前後の全共闘運動のやり方をむしろ引き継がない方が、闘争は成功しやすいというものがあった（松本 2008a：46–47）。おそらく、近年、年に数度行われているサウンドデモなども、新左翼の文脈から切れているからこそ、エネルギーを獲得できているところがあるように思われる。

しかし、過去の新左翼の運動にも現在の私たちに参考になるものがあるのではないかという反論があるかもしれない（例えば、フランス六八年五月における、三月二二日運動を中心とした学生運動の多様性に似たものが、全共闘運動にもあったというような指摘）。

日本の新左翼運動の中にも、暴力的衝動だけでなく、民衆の政治的情動が含まれていたことは真実だろう。しかし問題なのは、この真実が少なくとも現在の日本を覆っている虚構の政治空間の中では真実ではなく、それは秩序を乱す迷惑行為、犯罪行為だったというようなシナリオにされてしまっているということである。このような政治空間の中では、いくらそれが真実だったと言ったところで、そのような言葉は力をもたない。力をもたせるには、政治空間の虚構性そのものを、新左翼運動が肯定的なものに見えてくるようなものへと書き換えなければならないだろう。しかし、この書き換えをするには、日本の六八年はあまりにも否定的イメージで覆われてしまっているため材料として役立たないように思われる。むしろそれよりも、フランスの政治空間に属する、いまなお肯定的な光を放つ六八年の材料を借りて、日本の政治空間の虚構性を書き換えを試みる方が有効ではないかとここでは考えるのである。

フランスと日本の政治空間の虚構性の違いについては次の例にも現れている。フランスで二〇〇七年の大統領選挙の終盤にサルコジ候補は「六八年を清算する」という論点を打ち出した。これは六八年の左翼運動が、保守派政権にとって脅威になるような政治空間がいまなおフランスに存立していることを意味している。これは日本では考えられないことである。いまの日本の総選挙の論点に、「新左翼運動を清算する」ということが打ち出されることはありえない。なぜならそれはすでに清算されてしまい、何の脅威ももたない遺物と化しているからである。

フランスの政治空間をそのまま日本に移植するなどということを考えているのではない。いまの日本にも民衆の政治的情動が現実化する契機は存在する（例えば、フリーターたちによる労働組合が結成され、団体交渉が行われつつあること、若者たちを中心とするサウンドデモが行われていることなど）が、こうした契機にさらに価値を付与するために、フランスの政治空間を参照することはプラスになることはあってもマイナスにはならないと思われる。フランスの六八年五月革命がいくら神話化されているにしても、日本にもその神話が共有されているなら、これを利用しない手はないと考えるのである。

しかし、これにはいくつもの障壁を乗り越えねばならない。例えばそれはマスメディアによる分割である。というのも、フランスの政治空間は日本のテレビで報道されることは少なかったからである。近年ではとりわけ二〇〇六年の反ＣＰＥの大規模デモがそうだった。首相が法案を撤回するまでに民衆が政権を追い詰めたという、今日の先進国では非常に稀な勝利だったにもかかわらず、ほとんどマスメディアは報道しなかった。この出来事については、著者はYouTubeや個人ブログなどから、動画や写真を見ることで状況を知ることができた。おおむね、マスメディア、とりわけ力を持つ映像メディアは、日本の政治空間に違和感を感じさせるような、他国の政治空間の映像は放送しない傾向にあることは確かだろう。

近年の日本の場合で言えば、二〇〇八年の洞爺湖サミットに同じ事があった。早い時期から、会場となる山頂の要塞のようなホテルの空撮映像を繰り返し流しながら、警備がいかに厳重であるかを強調するような、つまり反対運動をあらかじめ威嚇する、あるいは無駄だとするような報道が行われていた。しかも会議が開催されている間に行われた現地での反対運動についてはほとんど報道されなかった。これについて知ることができたのも、個人ブログや団体のブログにアップされた動画や画像のおかげであった。

六八年五月概要

とはいえ、当の、フランスの六八年五月にもまた、日本の場合と同じではないにしても、様々な仕方での回収がなかったわけではない。したがって、五月革命においてもまた、先に日本の場合に即して考えたのと同じように、（回収の対象とならなかった）純粋な民衆の政治的情動と、回収されたものとの区別を行っていかなければならない。

まず、六八年五月革命の概要について、ごく簡単に述べておこう。五月革命は、一九六八年五月から六月にかけてフランスで起こった自然発生的な運動で、右翼／左翼、保守／革新といった区別を問わずに、既成のあらゆる権力を徹底的に解体することがここで掲げられた。学生の大学自治をめぐる闘争から始まったこの運動は、全国的な規模の統一デモへと発展したが（五月一三日には六、七〇万人に達する）、やがて労働者一般のストライキにも飛び火した（五月二四日の時点でスト参加者は七〇〇万から一千万人まで及ぶと推定された。これは当時のフランスの労働人口の二人に一人がストに参加したことを意味する）。こうした中で、いたるところで工場が閉鎖され、また、ほぼすべての官公庁から、郵便局、銀行、百貨店、さらに国鉄とパリ交通公社までがストに入り、フランス社会は完全に麻痺する事態となった。

しかし、労働運動を指導する既成左翼が、学生たちの反対の声（「選挙は裏切りだ」）を黙殺して、ド・ゴール大統領の提案する総選挙を受け入れたことによって運動は急速に沈静化した。六月に、ド・ゴール政権は解散し、総選挙が行われたが、結果的には、左翼政党のマンデス＝フランスをやぶって、ド・ゴール派の圧勝に終わった(4)。

この結果を引き合いに出して、この革命の失敗が語られた。例えば、この蜂起を鎮圧しようとした政権が、「バカ騒ぎ（シアンリ）」と呼んで回収しようとしたように、単なる騒ぎにすぎなかったのだ、と。ここからも分かるように、民衆の政治運動は、ポリス的秩序にとっては、秩序を乱す巨大な迷惑行為の集まりなのである。しかし、後でも述べるように、このような結末は全く重要ではない。では、それはなにゆえか。五月は私たちに民衆の政治についてのどのような肯定的な理解を与えうるのだろうか。

(4) 五月革命のより詳しい全体的概要については、『20世紀年表』の「パリ五月革命と反動　想像力が権力を奪う」と題した項目をやや長いが、民衆による「拒否」がどのように広がっていったかをうかがい知ることができるので引用しておきたい。

「五月三日　パリ大学ソルボンヌ周辺で大学再開求める学生デモ二〇〇〇人に一万五千人の群衆が加わり、警官は催涙ガス。遠因は一九六七年一一月のナンテール分校での校内男女宿舎相互訪問の自由など求める運動から続く大学近代化の立ち遅れ。五月四日　学生デモはシャンゼリゼ大通りで警官と衝突し凱旋門の無名戦士の墓に赤旗。以後連日警官と衝突。五月一一日　前夜バリケードを築き要塞化したカルチェラタンで学生・警官衝突、一〇〇台以上の車が燃やされ火炎びん、投石、催涙弾で戦場化。新聞は「もはやデモや暴動ではなく、反乱である」と報じる。五月一三日　パリで学生と労働総同盟がゼネスト、四〇万人が反ド・ゴール・デモ。五月一六日　ナント、ルーアンなどの飛行機、自動車工場を労働者が占拠。全国へ工場占拠、自主管理波及。オルリー空港管制塔四八時間スト入り。仏政府は全国警戒体制へ。パリの学生は国立劇場、オデオン座占拠。五月一七日　国営ラジオ・テレビ従業員無期限スト。各工場にスト拡大。夜にはほとんどの鉄道駅閉鎖。ルノー自動車工場にはソルボンヌから学生が詰めかける。五月一八日　スト拡大にルーマニア訪問中のド・ゴールは一日早く帰国。共産党はド・ゴール打倒打ち出す。カンヌ映画祭中止。五月一九日　パリで国鉄、地下鉄、バス止まり清掃員スト入り、オペラ座も従業員占拠。五月二〇日銀行員スト入り、仏全国労働者六〇〇万人がスト参加。パリで動いているのはタクシーのみ。オルリー、ボルドー、マルセイユ空港閉鎖、教職員、石油スタンドスト入り、ラジオ、テレビはニュースと録画・録音ずみ音楽芸能番組だけ。サルトルはソルボンヌで「ブルジョワジーの子弟と労働者の間に新しい結合が生まれたことは非常に有用だ」と述べる。五月二一日　パリ外為市場開かず。全土で労働者の半分に当たる八〇〇万人超がスト参加。ド・ゴールの金備蓄政策が、国内経済拡大を犠牲にしてきたことへの不満が爆発。交通、通信、電気、ガス、鉱山、鉄鋼業、化学、繊維工業完全マヒ。フランス銀行、税務署、俳優・歌手、競馬従業員、国立図書館、パリ食肉市場もスト入り。五月二二日　仏国会で内閣不信任、一一票足らず否決。大都市デパート、チェーンストア、パリのタクシーもスト。首相

政治的情動とその鋳型

先に、民衆にとって政治とは何かという問いを発したが、そこで述べたのは、それが選挙に投票しに行くことではないということだった。民衆にとって政治とは政治制度に決められた行動をとることではない、と。すでにここでは、二つ目の問いの検討に入っている。すなわち、民衆にとって政治とは、かつての新左翼運動、学生運動や労働運動のようなものなのかどうかということである。つまり、そこに被せられた否定的イメージ（暴力闘争、内ゲバ、警察との衝突等々）をはぎ取り、そこから民衆にとっての政治的情動とは何かを引き出すこと、言い換えれば、単なる暴力行為、迷惑行為から政治的活動を区別することである（ここで先に註で触れておいた、〈政治的情動〉についての定義をもう一度思い起こしておきたい。すなわち、それは、共同世界において、そこに属する多くの人びとに関わる公的な事柄について自分の意見を表明し、悪い状況を変えていこうとする集団的な感情のことである）。

しかし、すでに述べたように、この情動は今日の日本社会では様々な誘惑に混乱させられ、引き裂かれている。一つは、支持政党を選択し、選挙に投票すればこの情動を満足させることができると信じさせられていることである。また別の場合には、親しい人に愚痴を言ったり、インターネット上に匿名でバッシングを書き込むというような、状況を変えなくてもただ私的空間で鬱憤を発散できればいいという行動パターンが用意されている。あるいは、より公的な場面になると、苦情電話をしたり、相談窓口に行けば、少しでも状況を変えることができるかもしれないと考えたりする。さらに公的になると、NPOへの参加、デモ、労働組合結成、団

は政治要求以外の純労組要求で直ちに交渉に応じると声明。五月二三日　警察組合が「我々をストの労働者鎮圧に使うな」と警告声明。五月二四日　大統領がラジオ・テレビ演説、国民投票を提案。ダニエル・コーンバンディが西独から入国したが即逮捕。リヨンのデモで警察署長死亡。各地で学生デモ。五月二六日　国営テレビは夜八時のニュース以外完全スト。五月二七日　丸三日に及ぶ政府・労・使三者トップ会談で暫定協定合意。共産党系労働総同盟は協定調印拒否。五月二八日　ポンピドー首相は金・外資準備放出へ政策転換を示唆。ミッテラン左翼連合代表とロシェ共産党書記長の臨時政府への会談は不調に。五月二九日　大統領は閣議中止し故郷へ帰ると報道。五月三〇日　ド・ゴールがパリに戻りラジオ・テレビ演説、辞任せず、首相更迭もせず、議会解散し総選挙を言明。「フランスが国際共産主義政党の暴力によっておびやかされている」。軍が「合法的政府支持」を明らかに。ミッテランは「ド・ゴール演説は内乱への呼びかけだ」とコメント。ド・ゴール支持六〇万人デモ。五月三一日　夜までにパリの石油スタンド再開へ、郵便局も送金業務再開、電気、ガスでスト解決合意。六月六日　ゼネスト解除へ向かう。六月七日　ルノー工場に警官導入。六月一二日　前夜からカルチェラタンで大衝突、逮捕学生一五〇〇人。政府は六月中全国でデモ禁止、極左七団体解散命令。六月一四日　反ド・ゴールの亡命軍人が帰国許される。右翼対策緩和。パリ・オデオン座から学生退去。六月一六日　ソルボンヌで刺傷事件、警察が学生に退去要請し、明け渡し。六月一七日　ルノー工場で職場復帰決定。六月二一日　シトロエン労使スト終結に同意。六月二三日　総選挙、第一回投票でド・ゴールは一五二議席で圧勝。六月二八日　パリのフラン相場暴落。六月三〇日　第二回投票。ド・ゴール派三五五で単独過半数。左翼連合五七、共産三三、統一社会党〇。」（毎日新聞社編：681）

体交渉、ビラまき、署名活動等々が挙げられる。情動の行き先として様々な通路が用意されており、また、公的、私的にもそれぞれ複数の水準があるだろう。

以上のことから分かるのは、政治的情動はそれ自体としては形をもたず、可塑的であり、そのため、自分が何なのかを明確にしてくれる形を求めるということ、自ら名を持つものになることを望むということである。選挙への投票、愚痴、誹謗中傷、相談、カウンセリング、署名活動、政治運動といった〈型〉を。

しかし、問題なのは、まさにこのような〈型〉を求めるがゆえに、政治的情動が、いつしか社会問題化されたり、心理学的症状（治療すべき心の病）と見なされ、自分自身ではないものへとすり替えられてしまうことなのである。

政治的主体の無意識的情動は、このように、様々なニセの問題に取り囲まれている。しかし、政権にとって、民衆が力をもち、自らを脅かす存在にふくれあがらせないためには、こうしたニセの問題に引っかかっていてくれる状況を維持することは死活問題なのである。

型をもたない民衆

この点で、フランスの六八年五月は示唆に富むのである。というのも、一般に学生運動や労働運動とみなされがちなこの出来事には、実は、既存の型に収まりきれないミクロで多種多様な流れに満ちていたからである。

これについて考える前に、五月というカオスに対し、これまでジャーナリズムや社会学はどのような型にはめ込もうとしてきたのかを簡単に見ておこう。これについては、哲学者リュック・フェリー（一九五一―）、アラン・ルノー（一九四八―）が『六八年の思想』で引用している諸類型を挙げておく（フェリー、ルノー 1985＝1998：52–56）。

1　陰謀としての六八年〈五月〉。当時、右派のド・ゴールやG・ポンピドゥーによって展開された「極左あるいは極左を彼らの知らぬ間に操る共産党による試み」という説。

2　大学危機としての六八年〈五月〉。実際六〇年代を通じて、学生数の急激な増加のために、旧来のブルジョワ的な大学は突然中流階級が主流を占めるようになり、大学生人口の構成内容そのものが変わった。

3　若者の熱狂、若者の反抗としての〈五月〉。肯定的に考えれば、父殺し、否定的には、革命の多少馬鹿げた猿まね、パロディー。

4　文明の危機としての〈五月〉。

5　新しい型の階級闘争としての〈五月〉。

6　従来型の社会闘争としての〈五月〉。

7　政治危機としての〈五月〉。政権交代の不在ゆえ。

8　偶然の事態の連鎖としての〈五月〉。

カオスとしての五月に、何らかの原因（左翼の陰謀、大学の、文明の、政治の危機、若者の反抗、従来型の、あるいは新しい型の闘争など）を求めようとするこうした類型化をフェリー、ルノー（以下ＦＲ）は拒否せず、ここからさらにより根本的な三つの観点を探り当て、自分たちの見解の位置づけを行っている。三つの観点とは、当事者の観点、そして、当事者の視点を空しいものとし、つまり、その連中は自分自身が創りだす歴史がどんなものかを知らずに歴史を創っていたとする観点、最後に、現象学的な〈出来事〉の観点、すなわち五月を、「理由がない領域」に位置づけようとする観点である（フェリー、ルノー 1985＝1998：77）。

ＦＲは、レジス・ドブレ（一九四〇―）、ジル・リポヴェツキ（一九四四―）らによって主張された二つ目の観点に賛同し、そこから他の二つを批判したが、彼らの見解については第四章で詳しく触れることにして、この章で依拠したいのは、最後の〈出来事〉の観点、つまり、五月を、紋切り型に当てはめて理解することを徹底して拒否し、そうした型からはみ出す多様でミクロの流れの束として理解することを試みる観点である。この観点に立ったのは、クロード・ルフォール（一九二四―）、アンリ・ルフェーブル（一九〇一―一九九一）、モーリス・ブランショ（一九〇七―二〇〇三）、マルグリット・デュラス（一九一四―一九九六）、ガタリ、ドゥルーズ、フランソワ・リオタール（一九二四―一九九八）らである。

出来事の直後の六月という最もはやい時期に出版された五月革命についての本の中で、早くもルフォールはこの態度を示す、次のような文章を書いている。

フランス社会を揺るがした事件――誰もがこの事件をなんと呼ぶかに頭を悩まし、これを既成の知識で割りきろうとし、その影響の予測につとめている。性急な解釈が示されている。事実のなかで秩序を回復することは無理としても、せめて思想のなかでは秩序を回復したいのだろう。その驚きを忘れ去り［…］自分の足元の裂け目を埋めたいのだろう。無駄なことなのに……。（ルフォール 1968＝1969：41）

もちろん、「無駄なこと」といいつつも、だからといって、それについて思考することをルフォールは停止するわけではない。ありふれた名、型、類型を通して出来事について思考することをやめると言っているのである。ここから問いは、既存の概念を拒否しつつ、民衆にとって政治とは何か、あるいは政治的主体としての民衆とは誰のことかを根本から問い直す方向へと向かう。そのなかで、手がかりとなるものとしてルフォールが述べているのは、五月を引き起こし、それを担った主体が特定しにくいものだということである。

行動のイニシアティヴをとっている者は、労組とか、その一分派とかに属していない。彼らは、平時に〈大学〉内の政治闘争を独占しているさまざまな少数集団にも所属していない。彼らはどこにも属していない。(ルフォール　1968＝1969：53)

つまり、五月の大きくふくれあがった異議申し立ての運動を担ったのは、特定の階層、特定の職種、特定の身分、特定の政党支持者、特定の政治意識等々を持った人びとではなく、普通の人たちだったということである。

これこそが民衆の定義である。つまり、民衆とは貧困層や社会的弱者のことだけを指すのではない。少数のエリートたちが自らの支配を維持するために執り行う施策のしわ寄せを受ける人びとすべてであり、それに不満をもち、言葉を発し、状況を変えたいと願う人びとすべてである。階層も職種も支持政党も関係ない。民衆はどこにもいないようにも見えるし、至る所にいたりもする。この特定できなさが、民衆の存在論的身分であり(これについては後で論じる)、いわば、すべての人びとの心の内にいる「誰か」と言ってもいいかもしれない。だからこそ民衆は権力にとっておそろしい存在なのである。

そしてまた、既存の型から自由であるからこそ、権力が捕らえることも難しい。政治的情動は、誰にでも備わっているものであり、特別な政治意識などではないと考える必要がある。そして、五月の場合、このようなものとしての可塑的な政治的情動が人それぞれのやり方で多種多様に開花したのである。

したがってまず考えてみたいのは、五月を担った民衆の不定型さについてである。すなわち、その出来事を生み出したのは、教育環境の改善や労働条件の改善を求める明確な「意図」をもった特定の人びとや、あるいは、運動を統率するはっきりした「組織」に属する人びとで、は、な、か、っ、た、ということについてである。

回収されることに抵抗する反 - 組織性

・学生

五月革命において、まず最初のきっかけを作ったのは学生たちだった。戦後生まれの世代がどんどん大学に入学することによって学生数が急増したが、大学は様々な点でそれに対応できていなかった。教育環境は劣悪で、カリキュラムも時代遅れのままであり、学生は威圧的な教授たちに対するコミュニケーションをとる手段を与えられていなかった（カーランスキー 2004＝2006：23）。

このような状況に対し、学生は不満を募らせていったが、ナンテールのD・コーン＝ベンディット（一九四五— 現在は欧州議会議員）の率いる「三月二二日運動」が引き金となって全国的に学生運動が拡がっていった。大規模デモ、カルチエラタンでの「バリケードの夜」、ソルボンヌの封鎖、オデット座の占拠等々。

この学生運動の高まりに、それまでド・ゴール政権に不満を持っていた労働者たちが加わり、労働環境の改善、賃上げ、有給休暇の増大などを主張し始め、一千万人ものゼネストへと発展した。

江口幹[5]によれば、この労働者たちの運動がフランス全土に拡がる大規模なゼネストへと発展していった特徴として挙げられるのは、「労働組合の指導や枠を越えて、個々の企業の場で、下部から闘争が組織され、全フランスに波及して」いったというところにある（江口 1998：125）。

> ［通常とは違って］六八年五月の場合には、組合の指令なしに、あるいは指令を無視して、ある職場、ある企業の労働者たちが、組合員、非組合員の区別にかかわりなく、共同して闘った［…］。（江口 1998：126）

運動は大規模なものへと拡大したが、それは、既存の労働組合的な組織の力によるものではなかったのである。逆に江口は「既成の大組織、労働組合や政党は、推進力ではなく、むしろ阻止に回っていたことは強調されなくてはならない」（江口 1998：128）と述べている。ここから引き出すことができるのは、政治的情動が運動全体に行き渡り、かつ、それが持続するためには、〈組織〉は邪魔になるという事実である。[6]

ここに注目してみよう。私たちは通常、運動には何らかの「組織」があり、かつまた、明確な「主張」「要求」「目標」などがあると思ってしまう。しかしそういったものはむしろ、政治的熱狂の増大と持続には邪魔だということである。

この事実については、他の政治運動においても報告されている。例えばアントニオ・ネグリは、一九九九年にアメリカ、シアトルで起きた世界貿易機構の閣僚会議に対する抗議から始まった運動の特徴について次のように述べている。

シアトルの場合には、その後、NAFTA（北米自由貿易協定）に抗議する労働組合員たちが

（5）江口の『パリ六八年五月』は、五月革命の出来事の全体像を、時間的推移にしたがいつつ、目配り良く、しかもコンパクトに描き出している点で日本人による整理としては非常に優れている。しかし、第三章から第五章にわたって書かれている、江口自身のこの出来事についての見解にはついていけない。とりわけ、この著者が敬愛し、その著作の日本語訳を多数行ってもいるカストリアディスによる解釈に、五月の全体をはめ込みつつ、思想家としてカストリアディスを絶賛するような記述になるところでは。

（6）もちろん、近年日本で盛んになってきた、フリーターたちによる労働組合が行う団体交渉については別である。そもそも団体交渉権を認められていなかった若者たちがその権利を得たということは、声を聞いてもらえなかった若者が、雇用者側と同じテーブルについて発言することが許されたということにおいて、政治的人間として承認されたことを意味するからである。ここでいう労働組合の組織性は、係争を合意に還元しようとする、あるいは、政治的情動を妥協的要求へと還元しようとする点で非難されているのである。

やってきました。この労働組合員たちの立場はほとんどナショナリズム的なものではありましたが、それでもなお、そのときにシアトルの運動は、自分たちが制度的な諸組織を仲間に引き込むことに成功したのだということを知ったのです。制度的な諸組織のほうに彼らの運動が回収されなかったということが重要でしょう。シアトルの計画を発案した少数の同士たちこそが、労働組合員たちの参加に意味を与えたのであって、労働組合員たちの参加がシアトルに意味を与えたわけではないのです。（ネグリ 2006＝2008上：116）

ここからも政治運動において「組織」が果たす否定的な効果をうかがい知ることができるだろう。とはいえ、六八年五月の場合、この出来事の比類のない民衆の熱狂の引き金となったという意味で象徴的な「三月二二日運動」自体が、反－組織的運動だったことが知られている。ルフォールは、三月二二日運動が、秩序に抗する民衆の政治的情動に火を付けただけでなく、この情動の巨大な連鎖反応が、既存の組織的なものの中に収まってしまうことをも拒否する性質をもっていたと述べている(7)。

三月二二日運動が学生反乱を駆り立て、ゼネストをひき起こすことができたのは、もともとこの運動には指導者がおらず、ヒエラルキーがなく、規律がないからであり、この運動が異議申し立ての玄人たちにたいして異議を申し立て、野党の活動を支配しているゲームの規則を破っているからである。三月二二日運動は〈大学〉に裂け目を生みだしたが、同時に、要求とか革命闘争とかをひとり占めしていた小型の官僚制のなかにも裂け目をつくったのである。実は、これは同じ裂け目である。なぜなら、広範な組織であれ、限定された組織であれ、また、その目標がいかに多様で、対立していようと、いやしくも組織たるものはさまざまな層との接触のなかで、さまざまな活動の水準において、ひとつの類似した構造を生みださざるをえないというように社会が組織されているからである。（ルフォール 1968＝1969：54–55）

一般的には、学生運動は、大学の教育環境などへの異議申し立てとして位置づけられている。しかし、以上のことからも分かるように、学生たちは型にはまった学生運動だけをしている。

（7） マーク・カーランスキー（一九四八— アメリカのジャーナリスト）もまた、『一九六八 世界が揺れた年』の中で、コーン＝ベンディットをリーダーとするこのもっとも大きな影響力を持った運動が「もっともイデオロギー色の薄い団体だった」ことに注意を促している。

「［この団体の］運動の大義ははっきりしなかった。［…］フランスで一九六八年に表舞台に現れた人びとは、団体行動を好むタイプではなく、右翼の政治団体も左翼の政治団体も信用せず、リーダーを認めない反権力の姿勢を貫こうとした。彼らは、冷戦は必ず誰に対してもどちらかの体制の選択を迫るものだとして受け入れなかった。」（カーランスキー 2004＝2006：27）

たわけではなかった。このことについては、「行動委員会」に参加していた作家、批評家であるモーリス・ブランショが、学生の活動をさらに拡大解釈して、次のようなものとして理解を示した。

いわゆる学生によるあの行動において、学生たちは決して学生として行動せず、全体の危機を啓示する者として、体制、国家、社会を問いに付す断絶の力を担ったものとして行動した。（ブランショ 2003＝2005：210）

学生たちは、妥協をせず、徹底的に拒否を貫いたため、その分、全体の危機を露呈させる役割を担ったと言える。学生たちにあったのは、革命への意志でも、何らかのイデオロギーの信奉でもなかった。かといって、そこにあるのは未熟であるがゆえの無謀さでもなかった。ルフェーブルはそれを、非＝回収の意志だと述べている。

青年は、反＝還元的なものとして現れるのである。青年は、政治機構をも含めて、諸々の専門化された活動の還元され＝還元する性格をうまく耐え忍ぶことができないのだ。還元するものの名において見通しのなかに置くことは、たとえその厳密性を正当化する試みがなされるにしても、容認されない。この拒否は、異議申し立てを規定づけるものである。ついに

は、拒否はときとしては理論そのものにも達するほどなのだ。（ルフェーブル 1968＝1969：80）（強調引用者）

何らかのイデオロギーや理論の信奉でも、自分たちの利害に基づいた要求があるのでもなく、拒否こそが、唯一の理論であるような異議申し立てが問題になっている。これに対し、労働者たちの一部は、拒否できず、回収の手に屈し、労働組合の運動という名に「還元される」自分自身を許してしまったのである。

・労働者

次にその労働者について見ておこう。学生運動に加わった労働者たちは、一方では、先に述べたように、組織の指令を無視してストを拡大させたが、しかし他方に、組織に従うことで運動にブレーキをかけてしまった労働者たちも多くいたのである。これについては、江口によって引用されたコルネリュウス・カストリアディス（一九二二―一九九七　ギリシア出身の哲学者）の次の指摘を、少々長いが重要なので引用しておきたい（後で少し触れるように、カストリアディスは六八年の思想家と呼ばれた思想家たちには敵意を持っていたが、六八年五月については賛同していた）。

強く冷静にいうべき、大事なことがある。すなわち、六八年五月のフランスにおいては、産業プロレタリアートは社会の革命的な前衛ではなく、その鈍重な後衛であった、ということである。学生の運動が天上の攻略を実際に試みたとすれば、その際に社会を地上にとどめていたのはプロレタリアートの態度、指導部や体制に対する彼らの受け身、彼らの無関心であった。あの時点で歴史の時計を止めたとすれば、六八年五月において、もっとも保守的で、もっとも操られ、現代官僚的資本主義の罠にもっともからめとられていた階層は、労働者階級であり、とりわけ、フランス共産党やCGT〔労働組合〕にしたがっていた人びとである、といわねばならないであろう。彼らの唯一の狙いは、消費社会の中での自分たちの境遇の改善であった。しかもこの改善すら彼らは、自分たちの自律的な行動によって達成できるとは考えていなかった。労働者たちはストライキに突入した。しかし彼らは、ストライキの指導、目的の決定、行動方式の選択を伝統的な組織にゆだねてしまった。ごく当然に、行動方式は行動しない方式になった。〔…〕ストライキ開始後の二日ないし三日で、工場の占拠は、大概の場合、主としてフランス共産党－CGTの幹部と活動家による占拠になった。占拠の意味はきわめて急速に変わり、組合官僚たちは占拠を、労働者たちを隔離し、彼らへの学生たちの影響を妨げる手段にしたのである。（江口 1998：131）（強調原文）

学生は、組織を〈拒否〉した分、政治的情動を生き、伝播させることができた。しかし、これを拒否しなかった労働者は、政府によって提起された妥協案で合意した。

ここで整理しておこう。最初に問題だとしたのは、明らかに暴力を用い武装化するような政治運動と、そうではない政治運動とを区別することだった。そしてさらに後者の運動もまた区別されなければならないとした。すなわち、既存の組織によって統率された政治運動と、自発的に生まれてきた、型をもたない政治運動と、を。こうして、より純粋な民衆の政治的情動に近づくのは後者のような型をもたないものにおいてであることが示された。

しかしよく考えてみると、一般的には、明確な要求と目的をもった、つまり型をもった運動こそが歴史的に、時事的に記述されるに値するものと見なされ、そうした目的に従い、利益を勝ち取った人びとこそが当事者として歴史に名を残される。

歴史記述がこのようなものであるのならば、これは出来事を動かす民衆の運動の重要な部分を取り逃がしてしまうのではないか。したがって、民衆の純粋な政治的情動によって駆動される、初発の、まだ形をもたない生成しつつある運動（〈生成変化〉（ドゥルーズ、ガタリ））と、名づけられ組織された形をもった運動とは区別されなければならない。

名をもつ運動はその始まりも終わりも特定できる。要求が明確になるところでその運動は始まり、目的が達成されなければ（あるいは、達成されれば）、その運動は終わる。しかし、名も形ももたない〈生成変化〉は、いつ始まったのか分からないし、また、出来事が過去のものとなり、元の日常が戻ってきたとしても、潜在的には終わることなくどこかで動き続けているものなのである（「一方に、実行され完了される出来事の部分があり、他方に、「完了しても実行されない出来事の部分」がある」（ドゥルーズ 1969＝2007上：264））。

そして、先に述べた、出来事として五月を理解する仕方の一つは、このようないつ始まり、終わったか分からないという時間的不特定性である。この考え方がいまの私たちに役立つのは、特別な政治意識をもった誰か、意志をもった誰か、行動力のある誰かがいなければ政治運動など起こらないというように諦めなくてもよいと、教えてくれるからである。

私たちすべての中に政治的情動というものが隠されているという前提は、このように、いつそれらが連鎖的に爆発を起こすか分からない（あるいは一生起こさないかもしれない）という時間的不特定性の考え方にも支えられるものなのである。

潜在的出来事

また、この時間的に不特定なものとしての出来事という考え方は、五月についてのよく分からない二つの論点についていくらか説明してくれる。一つは、五月革命の「数週間前には考えもよらなかった、まったく常軌を逸した発生」（ルフォール）、つまり、誰も予測できなかった突然変異的性格についてである。先の分類で見たように、この出来事は、いくつかの原因（左翼の陰謀、大学の、文明の、政治の危機、若者の反抗、従来型の、新しい型の闘争など）から起こったと解釈されてきた。しかし、この原因－結果の因果関係の論理では、この出来事の予測不可能性は説明できない。それよりも、誰もが予測できず突然起きた出来事にも、それを準備する長い時間的射程が含まれている[8]、というドゥルーズの出来事理論から理解した方が、出来事の核心を取り逃がさずにすむ。

いくつかの出来事には、それがある場所に生起する前に、いつ起こってもおかしくないという状態が潜在的に長い間続いていることがある。それが、ちょっとしたきっかけで、潜在的なものから顕在化されるのである。例えば、分断されている人びとのなかにくすぶり続けているたくさんの不満の種が、何かの拍子に一気にシンクロ化してつながる、ということがあり得るのだ（日本の全共闘運動、新左翼運動についての文献は、多くが、誰が（どのような組織が）どのような信念において「主体的に」活動したか、という類の記述が多いように思われる。しかし、出来事が生起するには、「主体的な」努力を超えたところにある「何か」がなければならない。この何かこそ出来事そのものである。したがって、それらの運動における、〈出来事〉的な様相にこそ光が当てられなければならない）。したがって、ドゥルーズが引いている、グレートゥイゼンの「あらゆる〈出来事〉は、いわば何もおこらない時間のなかにある」（ドゥルーズ 1990＝2007：324）という言葉が言う

（8）　正確には、「待ち望む者が誰もいなかった予想外の〈出来事〉にも狂おしいまでの期待が宿っている」（ドゥルーズ 1990＝2007：324）。

ように、何かが起きる時間よりもむしろ何も起こらない時間の方が重要なのである。長く準備された、起きるか起きないか分からない出来事（起きた場合にはシンクロする大爆発としての出来事）からすれば、起きてしまったものは、起きずに長い間過ぎていく時間の中でのある種の熟成に比べれば、たいしたものではないのである。

世界で何人の人に読まれるか分からないような、世界が変わることを願う思索の文章を書いて死んでいく人びと（大思想家から全くの素人の文章家まで）の営みは、いつ起きるか分からない、この爆発への、気の遠くなるような長い射程の中での後押しの一つなのだろう。

この、時間的に特定できないものとしての出来事という考え方は、さらに、ド・ゴール政権の勝利によって五月革命が終わったとする見解への反論にもなりうる。DGは、次の引用にあるように、「歴史的現象」から〈出来事〉を区別するのだが、この考え方からすれば、ド・ゴールの勝利は「歴史的現象」にすぎず、五月とはこれに還元することなどできない〈出来事〉そのものだったのである。

一七八九年の革命［フランス革命］、パリ・コミューン、一九一七年の革命［ロシア革命］といった歴史的現象のなかには、つねに、社会的決定論や因果関係に還元されえない出来事とでもいうべき部分が存在した。一般に歴史家たちはこうした側面をあまり好まない。なぜなら、彼らは、通常、ことが終わってから因果関係を復元しようとするからだ。しかし、出来事というものは、因果関係からはずれるか、断絶したものである。つまり、出来事は、法則から分岐し、逸脱したものであり、新たな可能領域を切り開く不安定な状態なのである。［…］ひとつの出来事は、その行く手を妨害され、抑圧され、ついには回収され、裏切られるとしても、その出来事のなかには乗り越えがたい何かが含まれていることにかわりはないのである。それは時代遅れだ、と言う者は変節漢である。出来事自体は古くなろうとも、それは乗り越えられることはないのだ。出来事は可能性に開かれたものなのである。それは社会の深みや諸個人の内部に浸透していく。（ドゥルーズ、ガタリ 1984＝2004：51–52）

「歴史的現象」と見なされたものは、それがどのような原因で始まったかが議論されるが、それ以上に、それがどのような結果としてもたらしたかが議論される。しかし出来事は、そのような因果関係の束からは説明できない、それをはみ出すものなのである。そして五月はとりわけそのような性格が強かったとDGは述べている。その説明として、五月がもたらした結果とされるものは、具体化され、現実化されたものだけではなかったということ、つまり、具体化、現実化されたものなどそれほど重要ではないというぐらいに、いまだ具体化、現実化されていない潜在的なものの側にこそ、五月という出来事が生み出したものがあったのだ、と。これについて、DGは、一六年後の一九八四年に『ヌーヴェル・リテレール』紙に書かれたテクストの中で振り返りつつ、その後もずっと空いたままになっている穴を、六八年五月はフランス社会に空けたのだと述べている。

フランスにおいては、六八年の出来事のあと、諸権力は《心配しなくても、いずれ事態は収まるだろう》という考えで生き続けた。そして、実際に、収まったのだが、ただし破局的な条件のなかにおいてである。六八年五月は何らかの危機の結果でもなければ、危機への反応でもなかった。むしろ逆である。それは現在の危機であり、六八年五月を同化することができなかったフランス社会の無能さに直接由来するフランスの現在の危機の袋小路にほかならないのである。フランス社会は、六八年が求めた集合的次元における主観性の転換をまったく遂行することができないという無能ぶりを露呈した。（ドゥルーズ、ガタリ 1984＝2004：53）

つまり、六八年五月はいったん収まったように見えるが、しかし潜在的な次元では、六八年以後も絶えず現在の危機としてその深層からフランス社会を脅かし続けてきたのだ、と。

ここで少しだけ、ドゥルーズの出来事理論の僅かばかり踏み込んだところから、五月を理解してみよう。ベルクソン（一八五九―一九四一　フランスの哲学者）から借用された、ドゥルーズの〈潜在的なもの le virtuel〉／〈顕在的なもの l'actuel〉、あるいは〈現実的なもの le réel〉／〈可能的なもの la possible〉という概念はよく知られている（ドゥルーズ 1966＝1974：107–110）。潜在的なものはそれ自体、現実性をもっている。ただ、顕在化されていないだけである

（つまり、潜在的なものの反対物は、現実的なものではなく、顕在的なものなのである）。ある場所に生起していない（顕在化していない）だけであって、人びとの心の中では（潜在的に）生きられている。他方、現実的なものの反対物としての可能的なものが、例えば、ユートピア的表象（としての革命）である。これは顕在的なもの（目に見える具体的なもの）だが、現実性をもたないものである。なぜ現実性をもたないのか。それは、可能的なものの顕在性が、現実にあった過去のことを、時間的に反転させて、あたかも未来に可能なものであるかのように操作を加えられた一つの抽象でしかないから、つまり、それが偽物でしかないからである。とはいえ、可能的なものが好まれるのは、可能性が現実になるかもしれないというところにある。しかし、考え出された可能性のすべてが現実化されることはないから、これの現実化には「限定」が含まれる。また、可能的なものはすでにある現実的なものから抽出された偽のイメージでしかないため、それは現実的なものに「類似」しているだけである。

ドゥルーズによれば、可能的なものの現実化は、この類似と限定という規則にしたがうのだが、これに対して、潜在的なものの顕在化は、「差異化」と「創造」という規則にしたがう。潜在的なものは、これが具体化されたものである顕在的なものと類似していない。顕在的なものは創造されねばならないのである。

戻ろう。五月で起きたのは、まさに、それ以前から準備されていた潜在的なものの異質なものの系列を、相互に交配させ、新しいものを創造的に生み出したからであって、フランス社会の、あるいは民衆の可能性が現実化されたというものではなかったのである。

新しいものとは何か。それをDGは、五月が生み出した新しい集団的主体性の形に見出している。来るべき民衆と言ってもいいだろう。しかし、これが現実化されるような諸条件の整備をその後フランス社会が怠ったがゆえに、社会は自らの内のどこにも位置づけられない人々を抱えたまま存続していかなければならなかった。そのため、この位置づけられない人々の存在は、社会に穿たれた傷口のようなものとして、フランス社会の無能ぶりを露呈させ続けたのだ、と。

六八年以来フランス社会が対応できなかった、この穴に位置づけられた人びとこそ、民衆という、いまだ発揮されていない力を保持する、不気味な存在なのであり、また、社会的なものに取り込まれることなく、そこに生きる人びとなのであり、その後ずっとフランス社会はそれに脅かされてきたのである。これについては、その後のフランスの歴史が証明しているだろう。一九八七年の大規模デモ、一九九五年のゼネスト、二〇〇二年の大統領選挙、二〇〇五年のEU憲法の拒否、同じく二〇〇五年の移民たちによる暴動、二〇〇六年の反CPE闘争、二〇〇九年一月大規模スト等々。形を特定することができず、名を与えることも難しい、民衆の巨大な存在がこれらの局面に一瞬水面に浮かび上がって姿を現しては、また水中へと姿を消す、ということが繰り返されていることが分かるだろう（日本に関してはどうだろうか。日本の場合も、人びとの無意識には政治的情動が渦巻いているように思われる。しかし、全体がシンクロする

「きっかけ」がないため、人びとは互いに分断されたままになっているのではないだろうか。これをすぐに政治への無関心という一言で片付けることは、民衆の政治を否定するのと同じである)。

学問的方法のいくつかの問題点

社会のなかでの民衆のこの特定できなさは、民衆というもの自体の性質の特定できなさであり、これはさらに言えば、民衆の政治的情動、つまり、行動として現実化される前の心に抱かれている情動の性質の定義しにくさでもあるだろう。それぞれの人の内に存在しているのかどうかも不確かな、どこかに眠っているかもしれない情動の。

しかし今日、問題なのは、この定義の困難さが悪い方向で利用されているというところにある。すなわち、この不特定性があるからこそ、今日の政治空間、ポリス的秩序は、すでに述べたように、この情動を犯罪への衝動のようなものと見なすことができるのであり、また、不確定な要素があるからこそジャーナリズムや社会学や心理学のような学問が、簡単に、既存の型に押し込めて理解することが許されてしまうのである。そして最も問題なのは、民衆自身が、自らの内にある、政治的情動を見失っているということである。

もちろん国家権力にとっては、この状態を維持することは都合がいい。民衆が政治的力を発揮できないでいることは、自らの支配を維持する妨げをもたないことを意味するからである。

ここで多少なりとも強調しておきたいのは、政治的に中立であるかのように装っている社会学や心理学のような学問の方法が、国家権力による民衆の政治の回収に貢献してしまっているかもしれないということである。

もう一つ、学問的方法に含まれる陥穽について例を挙げておこう。それは、ニーチェ（一八四四―一九〇〇）が「遠近法的倒錯」と呼んだものが、五月の把握の際に、しばしば使用され、やはり回収への貢献をしてしまっているということについてである。

「遠近法的倒錯」とは何か。それは、出来事を終わったもの、結果から見ようとする見方のことを指す。このような見方は、出来事の当事者たちのなかには、最初から、そのような結果を目指して動いていたわけではない人たちがいたかもしれないということを考慮から外してしまう。五月に参加した人びとには、自発的であったにしても、近代的主体という意味での主体性はなかったというべきだろう。ではどのような主体性なのか。これをここで民衆なるものとして考えようとしている。

例えば、「全共闘」「革マル派」「赤軍」等々というように主体集団に名を被せることは、結果から出来事を理解することになってしまう。こうした名称は、その主体集団をすでに過去の一時代の特定の思想にのめり込んだ人たち、過去にある役割を果たし終えた人びとにしてしまう。また、そこで行われた要求が失敗を運命づけられた人びとにしてしまう。手垢のついたその名称は過去の遺物となったその主体集団を、いまの私たちとは共有できるものが何もないものへと切り離してしまう。

これに対し次のように考えることができる。すなわち、たとえそれらの名の下にあっても、その主体集団の中には、そのように名づけられた運動を目指していなかった人びとがいたかもしれず、その人びとの政治的情動の創発は、また別の方向に進む可能性を持っていたかもしれないのだ、と。被せられた名は、結果として現実化されなかった可能性をなかったものにしてしまう。出来事を結果からたどるのではなく、名を被せられる前の段階の、（出来事を推進していたエネルギーとしての）情動の多様な動きから注目し直すなら、その情動はまだ実現されていないもの、実現されることをいまなお待っているものとして、つまり、いまの私たちの前にあるものとして現れてくるだろう。自らの政治的情動とは何かを探している私たちの前にあるものとして。

第四章　保守による民衆の政治の回収

前章では、いかにして民衆の政治的情動が現実化された諸々の活動が回収されてしまったか、また回収する枠組みが、いかに多様であるはずの政治的情動を陳腐なものに見せてしまうか、といったことについて見てきた。しかし、回収や陳腐化の手法は他にもまだある。

先にも述べたように、五月は失敗したという評価は出来事直後からあったが、その後も連綿と保守的思想家たちに引き継がれてきた五月への否定的評価の議論は、一〇数年を経た八〇年代に、リュック・フェリー、アラン・ルノー（FR）の『六八年の思想』（一九八五年）によって、一度目のピークを迎える。(1) しかしこれは、まだ左翼が優位にある時代であったため、この本は手厳しい批判に曝された。

とはいえ、時代が下って、二〇〇六年の大統領選挙のとき、サルコジによって「六八年を清算する」と公約が掲げられたが、この時すでに、保守が力をもち、左翼が低迷している風潮を追い風に、サルコジに勝利をもたらした。

こうした保守による左翼批判もまた、ポリス的秩序化に賛同しながら、この秩序を乱すという理由から、民衆の政治的活動に否定的なイメージを植え付けることに貢献する以上（先述したように、サルコジは二〇〇五年の移民たちによる暴動の時、内相を務め、彼らを「社会のくず」と呼び、徹底的に弾圧強化を貫いた）、つまり、出来事の言論的回収である以上、検討を加えなければならない。

保守による個人主義批判

FRは、一九八五年に出版された『六八年の思想』の中で、六八年五月の出来事を否定的に捉え、これを賞賛した左翼思想家たちを批判した。この書物は当初から批判にさらされてきたが、見るべき利点がいくつかある。その利点の一つに、六八年五月革命について否定的な評価を下した保守論者たちによってなされた数ある議論を整理していることがある。

先に述べたがもう一度繰り返しておこう。すなわち、①当事者たちの観点、②当事者が自分たちが気づかず動かされていたという観点、③出来事という観点である。ここからFRは、自分たちが依って立つ観点として二つ目のものを選び、それをさらに展開する議論を行った。二つ目のものとは、五月革命を失敗だと見なした、一九七八年のレジス・ドブレ（一九四〇―）

によるテクスト（「「新しいブルジョワ社会のゆりかご」としての六八年〈五月〉」）と一九八三年のジル・リポヴェツキ（一九四四―）のテクスト、『空虚の時代　現代個人主義論考』である。

六八年から一〇年経った頃に書かれたこれら二つのテクストに共通しているのは、五月は、当事者たちにはまったく見えていなかった他の目的に役立った、ということである。

つまり、ドブレによれば、人びとは個人の解放を望んでいたが、到来したのは消費社会の個人主義的快楽主義だったということになり、リポヴェツキによれば、労働者たちは、自主管理を望んでいたが、到来したのは公的な事柄への無関心と私的生活への引きこもりだったということになる。これらが「別の目的」だったのだ、と。FRは、この二つの意見に大きく依拠し

(1)　五月の否定を行った保守反動の動きとしては、フェリー、ルノー以前なら、すぐ後にも述べるように、一九七八年のレジス・ドブレのテクストがあり、さらに遡るなら、七〇年代から八〇年代にかけてのアンドレ・グリュックスマン（一九三七―）やベルナール・アンリ＝レヴィ（一九四八―）ら「ヌーボー・フィロゾフ」（新哲学派）の「流行」があった。杉村昌昭は、この流派と五月の関係について次のように要約している。「七〇年代から八〇年代にかけて元左翼の転向者たちからなる新哲学派が出てきて六八年の思想を右から総括して、自分たちも本当に右に行ってしまい、さらにメディアを利用してまるで六八年は終わったことであるかのようにしていった。」（杉村、長原 2007：33）。ドゥルーズはこの流派をマーケティング哲学と見なした。既存の枠組みが、五月によって現実的に、思想家たちによって理論的に無効にされたまさにそこのところに、この流派はマーケティングと結びついたポピュリズム的な流行思想をあてがおうとしたのだが、ドゥルーズはその態度を、無料配布された冊子に掲載された「ヌーボー・フィロゾフ及びより一般的問題について」という文章で痛烈に批判した。

ながら、六八年五月は、八〇年代初頭以降、私的な閉じこもりをもたらす個人主義を生み出した点で非難されるべきものであり、革命としては失敗だった、という持論を堅く持つことになる。

ここで注意すべきなのは、ドブレとリポヴェツキの議論が六八年五月に対する評価を行う上で論拠としているのが、八〇年代初頭の消費社会という脱政治的「現実」だということである。少なくともFRはそのように解釈し、これに大きく依拠した。まずここに大きな疑問が残る。八〇年代初頭のフランス社会で、「事実」として人びとが政治に対して無関心だったから六八年は失敗したのだという見解には、六八年について何ら思索が含まれていない。

しかし、事実に頼るこのような安易な断定は、同じ歴史的事実によって手ひどく覆されることになる。というのも、『六八年の思想』出版のわずか一年後の八六年一二月にフランスで大学改革法案に反対する学生たちによる非常に大規模なデモ（動員数においては六八年をも上回る史上最大の規模だったと言われている）が起きたからである。このデモは、誰もが六八年の高揚の再来と考えずにはいられない規模のものだった。とはいえ、大学改革法案への反対に絞られた運動であった点が、六八年とは決定的に異なるものだった。

しかし、ピエール・ブルデュー（一九三〇―二〇〇二）やカストリアディスといった論者たちは、このデモが、FRのように八〇年代に六八年の思想の終焉を見ようとする見解を完全に退けるに足る出来事だと賛辞を送った。

当然、こうした事態にＦＲは慌てることになる。彼らは急遽、弁明を行うために翌八七年一月に小著を著すことになる（『六八年―八六年　個人の道程』）。しかし、そこでも、彼らは持論を曲げるどころか、この出来事が持論をよりいっそう確かなものとしてくれるというような解釈を行う。ここでこの解釈について詳細に立ち入ることはしないし、その必要は全くない。しかし、さらに極端になっていく彼らの持論は、保守派がこうした場合にどのような方向に向かおうとするのかを考える上で検討に値するかもしれない。

保守による左翼批判

ＦＲは、『六八年の思想』において、彼らが六八年の思想家と呼ぶ思想家たち（フーコー、デリダ、ブルデュー、ラカン、アルチュセール、ドゥルーズ、ガタリ等々）の思想が、六八年五月に与えていた影響を指摘し、「個人主義」を普及させたという点で、その思想家たちを批判した。ＦＲが「個人主義を普及させた」ものとして糾弾するのは、例えば、六八年の思想家たちの、マイノリティーの権利を擁護する主張である。ＦＲの主張は、「彼らがこのように擁護するから、大衆は何もかも利己的に要求するようになったのだ」というようなものである。これについては、デモ直後の八六年一一月に発表された、ガタリと、六八年の代表的活動家の一人であるＤ・コーン＝ベンディットとの共著のあるテクストの、ＦＲが引用している箇所を見てみよう。

目的は現在進行中の諸問題の全体を覆うようないくつかの一般的言表についておおまかなコンセンサスにたどりつくことではなく、われわれが多様な意見［ディセンサス］の文化と呼ぶ、個々の立場を深化する方向に、また個人をも人間の集団をも再び個別化する方向にはたらく文化の発展を助けることである。同じものの見方に合意したと言い張るとはなんと愚劣なことではないか。移民、フェミニスト、ロックンローラー、地方主義者、平和主義者、エコロジスト、コンピューター愛好者、人間はこれほど多様なのだ。めざすべきは、彼らの差異を消し去ってしまう綱領上の一致などではない。（フェリー、ルノー 1985＝1998：35）

ガタリとコーン＝ベンディットによる以上のような考え方が六八年を発憤させ、導き、その結末が、八〇年代の消費文化の個人主義なのだ、とＦＲは解釈し、そのきっかけをつくった六八年五月、それを擁護した左翼思想一般を批判したのである。

しかし、このようなＦＲによる見解は、「分をわきまえろ」というポリス的秩序の命法そのままである。社会の中で承認された枠の中の、しかも割り当てられた枠からはみ出すな、と。

秩序の中で、多くの人びとは性別、職種、地位、身分といった枠内で生きている。そして現実にその枠に縛られて生きているが、しかし、それは社会秩序がうまく回るために、便宜的にこしらえられたフィクションでしかない。DG（ドゥルーズ、ガタリ）の言い方で言えば、それは人びとの欲望を飼い慣らすための権力が与えるもの、あるいは欲望に罠をかけるオイディプスでしかない。また、エゴイズムというのも、DGからすれば、オイディプス化された欲望でしかない。

平穏な生活を望む住民たち、私的幸福を追求する消費者たちというような主体性を、欲望それ自体はそもそも望まないというのがDGの考え方である。そのようなものがあるとしても、それは〈社会化された〉欲望にすぎず、社会的なものを維持しようとする政権の作り出したフィクションとしての欲望なのである。なぜこのようなフィクションをつくり出さなければならないかといえば、それは、欲望が本来的に社会を破壊するもの、革命的なものだからである。

おそらくFRは、この、本来的に社会化しきれない欲望というものに我慢がならないのだろう。FRにあっては、社会を破壊するもの、秩序を乱すものすべては、利己的なものとして、あるいは犯罪的なものとして、悪の烙印を押されるのである。

六〇年代以降の性風俗の変化は、それ自体、無意識的欲望の多様性が現実化されたことを示している。しかもこの現実化は社会の内部でも認められる可能性のある多様性である。しかしこれが、社会秩序を破壊するようなところまで行くと、多様性の現実化は禁止される。

つまり社会的なものの許容性を基準とすれば、多様性には、許される多様性とそうではない多様性とが区別されるだろう。そして、後者の多様な欲望は、社会の表面に出てこないような地下に潜行するか、抑圧されるか、するほかない(2)。

いずれにしても、おそらくFRからすれば、多様化する欲望、きちんと型どおりに振る舞わない欲望に我慢がならないのだろう。だとすると、FRは、秩序が乱されることを恐れたにすぎない。分をわきまえろ、住民が政治にあれこれ口出す資格などない、子供は勉強しろ、教育を終えた者は働け、男は男らしく、女は女らしく振る舞え、等々。

このような保守的な論者が、DGのような多様性を賛美する思想家に嫌悪するのはもっともなことである。しかし、こうした六八年以後の思想家に対し、FRのような分かりやすい保守反動の立場をとる者ばかりではない。次に見ておきたいのは、五月に賛同しながらも、それに賛同した思想家たちを批判したカストリアディスの場合である。

左派を批判する左派

カストリアディスは、六八年五月を挫折とみなした。この出来事は、「異議申し立て」を持続することの「絶大なむつかしさ」、あるいは、自主管理の「不可能性」を証し立てたにすぎない、六八年の思想家たちは、この「挫折」を弁護しようと骨を折ったにすぎない、と(カストリアディス 1996＝1999：32)。

カストリアディスによれば、六八年の思想家たちによる、「主体の（人間の、真実の、政治の）死」という理論（カストリアディス 1996＝1999：31）は、六八年五月の政治運動が挫折したという、人びとが認めたくない事実を認めさせてくれるために生み出されたものである。主体を（人間を、真実を、政治を）死んだものにすることによって、挫折をやむを得ないものにすることができるのであり、これに読者たちは飛びついたのだ、と。

右派思想家による左派思想家への批判というものがいつの時代にもあるが、ここにあるFRやカストリアディスによる批判は、この種の批判の特徴を示してくれている。特徴とは、先にも見たように、右派は潜在性を認めず、左派は逆だという、あの特徴のことである（あるいは

（2）この抑圧された欲望が歪んだ形で現実へと〈回帰〉してくると、中には凶悪犯罪に発展する場合があると考えられる。しかし、DGは欲望はそれ自体において犯罪などに向かうことはないと主張している。なぜなら、欲望が犯罪などに向かうのは、抑圧されたり、否認されたり、排除されたりする欲望が〈回帰〉してくるときに歪んでしまうからであるが、DGが分裂者分析で主張したのは、神経症者の「抑圧」、倒錯者の「否認」、精神病者の「排除」という、欲望をある意味で否定する防衛機制を必要としない欲望の〈アレンジメント〉（作動配置）が存在するということである。欲望を否定しなければならないこれらの三つの主体性のカテゴリーは、精神分析学によって仮説として立てられた過渡的なものにすぎないのであって、それとは別のものを擁立したのがDGの分裂者分析だった。そしてその二人の作業は『千のプラトー』において、もはや精神分析を全く必要としない領域を切り開いたのである。

とはいえ、精神分析が、乗り越えられた無用の学問になるわけではない。二人の作業には精神分析を通ることなしには理解できない部分があるという意味で、精神分析を不可欠なものとして含んでいることに変わりはない。

ここに、右派は〈差異〉を認めず、左派は逆だという特徴を付け加えることができる)。ここでこの特徴について考えてみよう。

確かに、現実としては革命の敗北であるかに見えた(右派のド・ゴール政権が最終的に勝利したのだから)。しかし、それは運動が、顕在性の次元から、潜在性の次元へと潜行していったことを示しているにすぎない(そして、マグマのように地下を潜行するエネルギーは、時折、地上に吹き出して爆発するのである)。

人びとの目や耳やなどの感覚を顕在性の次元に引き留めようとする学問は、その意図がなくても、結果的には、政治権力に仕えてしまっているのである。この学問からすれば、民衆の政治は、顕在性の次元で成果をもたらさなければ無意味だということになる。つまり、見えもせず、聞こえもせず、形をもたないものなど存在しているといえない。潜在性の次元に何かがあるなどといっても、顕在的になっていないなら、そのようなものなど存在しないに等しいのだ、と。

しかし、DGやラカン、フーコーらの思想は、それは違うと主張したのである。潜在的次元での運動は、顕在性の次元からでは分からない。この潜在性の次元での運動を捉え、理解するためには、既存の概念(主体や人間や真実などの)ではだめなのだということを主張したのである。彼らは、主体(や人間や政治や真実)に死を与えようとしたのではなく、それらを巡る時代遅れの概念(これらの概念は出来事を回収するために役立つ)に死を与えたにすぎない。

民衆の政治的活動に関しても同じことがいえる。たとえ「学生運動」や「労働運動」と名づけられたものであっても、既存の「学生運動」や「労働運動」という概念枠組みでは観察、記述できない人びとの多様でミクロな〈動き〉がその中にありうる。概念の解体は、こうして既存の枠組みでは捉えられない〈動き〉を捉えるために行われるのである。

例えば、ガタリの「分子革命」、フーコーの「ミクロ政治」などは、こうした運動を取り上げようとしたものである。革命の主体などいないという表現は、このような文脈で理解すべきであって（「主体」という枠組みよりも「動き」や「流れ」というような枠組みの方が状況をより理解することができる）、単に革命は不可能だというニヒリズムを主張しているわけでも、挫折を認める諦めを示しているわけでもない。革命は古い主体概念からでは理解できないから、こうした概念は葬り去るほかない、と主張しているにすぎない。

そして、六八年こそ、従来の民衆の政治的運動の枠組みでは捉えられないような運動、顕在性の次元では成果を生み出さなかったかもしれないが、その次元からでは記述できないような運動、地下の潜在性の次元で継続されるような運動を生み出したのである。

問題なのは、カストリアディスがこうした潜在性の次元を捨象してしまったことだろう。しかし、カストリアディスの批判に、さらに反論しようとしたＦＲは、いっそう出来事から遠ざかる。

カストリアディスは、六八年と八〇年代に断絶を見いだそうとした。六八年が挫折したから、個人主義的八〇年代が到来したのだ、と。これに対し、FRは、連続性を見いだそうとする。六八年に胚胎していた個人主義が開花したのが八〇年代的個人主義なのだ、と。

ここにある違いを明確にしてみよう。FRに比べて、カストリアディスは五月を評価していることが分かる。その後に訪れた消費社会、個人主義は、五月とは逆のものだから、五月を挫折したと見なした。つまり、相反する二つの時代（政治の六八年と非政治の八〇年代）に対し八〇年代の現実の方を勝利とし、五月の熱狂を敗北と見なしたのだが（挫折とみなす点において、六八年にもっと成果を期待していたことが分かる）、ここにある性急さが問題なのである。カストリアディスは、八〇年代の現実の社会の風潮だけを見て、六八年の挫折を断じている。つまり、政治的情動の潜在性を切り捨てて断じている。ここが、問題なのである。

これに対し、FRは逆に、八〇年代を導いたという点で、六八年は成功したという見方をとった。これは、カストリアディスがまだ六八年を重要な出来事だったと見なしながらも、しかし、潜在性を切り捨てるという操作をしたこと以上に、ニヒリスティックであるだろう。潜在性を切り捨てるだけでなく、政治の死と同義であるような八〇年代の消費社会を直接もたらしたものへと、五月それ自体を変質させたからである。これは潜在的な政治性を認めないだけでなく、現実に起きた五月の政治的熱狂すら認めないという、悪質なニヒリズム（〜は起こらなかったと主張する修正主義者と同じ論理）なのである。(3)

六八年五月と、いまの連続性、今日の右派

すでに述べたように、一方に、保守派による六八年の批判の系列がある。レイモン・アロン（一九〇五―一九八三　フランスの社会学者）の直後の批判があり、その後、七八年のドブレ、八三年のリポヴェツキによる批判が続き、この流れは八五年のフェリー、ルノーによる書物によっていったん頂点を迎えることになる。とはいえ、FRの八〇年代半ばの批判は、左派が優勢の地盤の上での批判（ミッテランの左派政権の誕生があり、これは人びとの期待を大きく裏切るものとなったとはいえ、言論的には左派が優勢だったと言っていいだろう）、つまり、「左派にコンプレックスをもった右派」の批判でしかありえなかった。だから、真剣に受け止めなくてもよかった雰囲気があった。

しかし、おおむね二〇〇〇年以降、右派が強くなる言論空間において、左派は信頼を失っていく。つまり状況は逆転し、「右派にコンプレックスをもった左派」として、右派に反対しな

(3)　先に述べた、右翼と左翼の定義（右翼は、潜在性を認めないが、左翼は逆であるという定義）に立ち返りつつ、ここで、FR、カストリアディス、DGらの位置関係を確認しておこう。DGは潜在性を認める、したがって左翼である。カストリアディスの場合、潜在性を認めず、現実があるのだからそれだけが真実を語っている、というように語る点で右翼である。しかし、FRの場合、現実すら認めないという点で、極右の立場に位置づけられるだろう。

ければならなくなった。あるいは、「左派に対するコンプレックスのない右派」（これは『ルモンド・ディプロマティック』紙の前編集総長であるイグナシオ・ラモネによる定式である）による嘲笑に、左派は打ち勝たなければならなくなったのである。

今日左翼は、「左派に対するコンプレックスのない右派」である、ネオリベとネオコンのカップルに対してどう反対するか、あるいは金融危機によって明らかになったネオリベ政権の行き詰まりに対してどのような展望を提起するか、という問いを突きつけられている。

そして、まさしく、近年のこのような右派が強い背景に乗じて、フランスで、六八年五月を精算しようとしている者こそ、ネオリベ、ネオコンのカップルのフランスへの導入者である現フランス大統領ニコラ・サルコジであるだろう。

これまで、民衆の政治はどのようにして無力化されてしまうのかについて論じてきたが、次に、サルコジのような保守政権は、民衆の政治運動に対してどのような回収を行うのかということについて考えてみたい。

保守による反動的大衆大動員

六八年以後のフランスの政権の変遷をざっとたどり直してみよう。ド・ゴールの死去の後しばらくして、一九八一年にミッテランの社会党による左翼政権が誕生する。そして、一九九五年、新ド・ゴール主義的保守主義であるシラク政権になってから、再び民衆運動は盛んになった。一九九五年のゼネスト、二〇〇二年の大統領選、二〇〇五年のEU憲法の拒否、同年の移民たちによる暴動、二〇〇六年反CPE闘争、二〇〇九年一月の大規模ストというように。

こうした一連の出来事を、真っ向から否定し続けているのが、現大統領であるサルコジという名が与えられている一つの政治システムである。

すでに述べたように、サルコジは、二〇〇七年の大統領選の決選投票の時、「六八年五月を清算する」を標語の一つにしていた。これは、二〇〇五年の内相時代の移民の暴動など、フランスでは依然として六八年五月にあったような民衆の政治的活動がくすぶり続けていることを根絶しようという意図があったと考えられる。自分のネオリベ路線には、邪魔だったからである(4)。

(4) さらに、六八年五月を終わらせよという標語が示しているのは、左翼を根絶することをいっそう徹底するための戦略である。すなわち、戦後フランスとの断絶を意味する、ド・ゴール主義との断絶である。それは、もう一度、左派にコンプレックスを持たない右派になろうとする意図よりは、戦後長い間続いてきた右派、ド・ゴール主義（ポンピドー、ジスカール・デスタン、ミッテラン、シラクの間に受け継がれてきた（カーランスキー 2004＝2006：54））への信頼と不信をも、断ち切ろうとする意図があった。つまり、旧来の右翼（ド・ゴール主義＝ド・ゴールがナチス占領から救ったという事実に由来する神話を信じる人びと）、左翼（六八年五月革命）という二項対立から脱して、次のステージに移行するのだというメッセージを発する意図があっただろう。

しかしすでに見てきたことからも分かるように、必ずしも民衆運動が盛んになったからといって、それがまっすぐに左翼政権樹立へと向かうわけではない。

例えば、後でも触れるが、フランスで言えば、六八年五月直後、保守派による反動的大衆大動員が行われ、国民議会選挙で右派であるド・ゴール派が大勝利するという結果があった。また、前年に政権への不満を露わにしたフランス全土に広がる暴動があったにも関わらず、その暴動を弾圧する筆頭にあった当時の内相サルコジが、大統領選挙で、社会党のロワイヤルに勝利するという結果があった。

こうした、保守派による反動的大衆動員の場面は、もちろん、フランスに限ったものではない。アメリカでは六〇年代からあったし、近年の日本の小泉政権の再選においても、同じ論理があっただろう（よく言われるように、ネオリベラリズム推進のしわ寄せを受けるはずのフリーターたち自身が小泉首相に投票した）。

重光哲明は、「ルモンド・ディプロマティック」紙の編集員であるセルジュ・アリミの、この保守派による反動的大衆動員についての批判を次のように紹介している。

［アリミは］アメリカ合衆国の大統領選をひきあいにして、六〇年代公民権運動、ヴェトナム反戦運動などの大衆運動高揚があるたびに、その直後に「サイレント・マジョリティー」をキーワードにして周到なイデオロギー的地盤固めや下準備を整えたうえで、最も低階層の民

衆を動員して「エリート知識人の特権」への憎悪をあおり、人権人道主義や良識的民主党的支配状況を効果的な情宣広報活動で一気にくつがえし、保守反動（共和党ニクソン、レーガン、ブッシュ）の勝利に結びつけた選挙戦略を掘り起こし、フランスのメディアや言論界を批判し警告してきた。（重光 2007：113）

二〇〇七年の選挙戦の決選投票前の、サルコジによる「六八年五月を清算する」というキャンペーンは、このアメリカ式の大衆運動の高揚の逆転術を利用したものだと重光は解釈している。これによって、サルコジは、暴動問題などに悩まされていたフランス国民の、「秩序維持と平穏さを好む中道派に集まった多くの浮動票」を獲得すると同時に、右派や極右をも喜ばせることができたのだ、と。

しかし、選挙前に行われるこうした詐術は、一時的なものでしかない。こうした詐術は選挙期間だけ通用すればいいのだから。実際、その後のフランスにおいて、サルコジ就任半年後の二〇〇七年一〇月に、特別年金制度改悪に反対する大規模な公共部門ストライキが行われ、ある記事で報告されているコリン・小林によれば、これは六八年以降、最大のゼネストになっている。

木曜日の年金制度改革を巡る国鉄ストは、全国で三〇万人がデモをし、パリでは三万人ほどが行進しました。一九九五年一二月、一ヶ月続いた国鉄ストよりも多い参加者で、六八年以降、史上最大のゼネストとなりました。これは、年金制度ばかりではなく、職場での社会的地位、しいては公共サーヴィスの危機を代弁しており、他方、医療保険制度の改変に伴い、医薬品の購入負担額が増え、教員の削減も予定されている中、社会的不満が一挙に高まりつつあり、それゆえ、強い動員があったと思われます。(大野 2007)

さらに、二〇〇九年一月には、大規模な時限ストが行われた[5]。

第二章で、選挙という代表制政治システムの一制度が、いかに寡頭的な制度でしかないか、ということに触れた。ここでの、反動的大衆動員と呼ばれるものもまた、右派による選挙を制するための常套手段であることが分かるだろう。暴動の多発やデモ、ストの拡大などによって秩序が不安定になる状況や、不況による失業などへの社会不安を利用して、安定を求める(無党派層の)住民の心理をてこに、一気に秩序回復を謳う右派への賛同へと雪崩れさせる、というやり方である。

ところで、アリミは、先の引用で、保守派による反動的大衆動員のターゲットにされるのは、「サイレント・マジョリティー」(あるいは無党派層)だと考えているようである(そしてこのことは小泉政権の再選を近い過去にもつ私たちにとっても深く納得できる)。

しかし、無党派層は、多種多様な考えの持ち主の集まりと考えることができるならば、その

（5）　二〇〇九年一月二九日、フランスで、金融危機などの影響で景気が悪化しているという状況の下、雇用の維持などを求める主要八労組の共同の呼びかけで、交通機関などの大規模な時限ストライキが行われ、全公務員の四分の一にあたる約五〇〇万人がストに加わった（政府発表）。さらに、全国で二五〇万人（警察発表でも一〇八万人）がデモに立った。ストには、交通機関だけでなく、政府の構造調整による雇用減少に反発する、公立学校の教員や、病院、郵便局、電信会社、公共放送、税務署、裁判所などの職員が参加しただけでなく、銀行や証券取引所など民間企業の労働者が参加した。これについては、フランス在住の日本人ブロガーである「猫屋」氏が次のように解説を加えている。

「各地のデモには、これがはじめてのデモだという多くの民間企業社員、退職者、移民系勤労者、失業者たちの参加があったようです。教師・鉄道職員・看護婦といった公務員や準公務員の常連に加えて、大学の先生や、今までは職場で受けるプレッシャーを恐れて参加ができなかった民間企業勤労者や、定年退職者が元同僚たちの労働条件悪化や解雇可能性に反対表明するため、あるいは滞在許可証はあるし仕事もあるが今の給与ではアパートも借りられないしいつ解雇されるか分からないという移民系勤労者もいた。ルノーや3スイス（カタログ販売）のように、切羽詰った人員削減に反対するスト中企業からのデモ参加もあったようです。パリ株式市場（NYSE-Euronext の社員六〇人）やコンピューター系・金融大手からのデモ参加もあったし、今回のデモの特徴は年齢・世代的にも、職種セクターや役職で言っても、きわめて幅の広い人々の参加があった。一言で言えばフランス中が街に繰り出した。」（http://neshiki.typepad.jp/nekoyanagi/2009/01/post-ee 4 a.html）

また、毎日新聞によれば、「民主労働連盟（ＣＦＤＴ）のシェレク委員長は「仏労働者は自分たちに責任のない経済危機のために賃金や雇用の不安の犠牲を払わされていると感じている」として、ストとデモにより「政府が現実的な解決策を示すよう求める」と訴えた。」（http://mainichi.jp/select/world/news/20090130k0000m030069000c.html）

すべてが反動的に動員されるとは限らないとも考えられる。小熊英二によれば、六〇年代の日本でもまたこの層が多かった。彼らは、既存の政党や団体、組織に嫌気がさしたのだが、そこには政治的に無関心になった人びと（つまり反動化しやすい人びと）だけではなく、逆に政治的にはよりラディカルな人びとがいた。つまり、ラディカルすぎて無党派層へと流れ着いた人びとがいたということである（小熊 2007：82-85）。さらにこれについては、ガタリとの対談でのミシェル・ビュテルの示唆を参考にすることができる。すなわち、「サイレント・マジョリティー」に全く逆の可能性がある、と。

ぼくはいつもいわゆるサイレント・マジョリティーなるものを称賛してきた。このサイレント・マジョリティーにふれるチャンスはわれわれも権力も同じだと思っているんだ。［…］で、そのことがいまの「マルグリッド・」デュラスの成功をみちびいているんだと［…］とてつもなくソフィスティケートされていて、超文学的で、普通の知性では追いつけない、信じがたいほどの複雑性をもっていると思うものが、まったく大衆的な範疇に入っているということがあるんだ。（ガタリ、ビュテル 1985＝1996：91）

先に述べたこととつなげれば、ここでのサイレント・マジョリティーとは、まさしく、数えられず、誰なのか特定できない民衆と輪郭を同じくするものではないだろうか。民衆とは無形で流動的であるがゆえに、組織化されてしまったり、別の主体性に置き換えられてしまったり、もともと望んでいなかったものを欲望してしまったり、学問的考察の対象とならなかったり、反動化へと動員されたりしてしまう。しかし、この無形性、流動性は弱みでもありながら、同時に強みでもあるということをこのビュテルの見解は教えてくれる。

第五章　社会的なものと自由の空間

第三章では、五月の運動の特徴として、反主体性、反組織性を見た。第四章では、五月が生んだ、主体なき主体、組織なき組織を新たな主体集団の形態として理論化した思想家たちに対する保守思想家の批判がどのような点において誤りを犯しているかを見た。本章では、五月以降に理論化された、この新たな主体集団のつかみにくい形態が、どのような要素、あるいは差異の上に築かれたのかについて、さらに考察を進めていきたい。

民衆の政治的活動の開花としての行動委員会と言葉の爆発

それでは、民衆の政治運動は、何であれ既存の型をすべて拒否すればいいのか。イデオロギーをもたず、理論を信奉せず、秩序を破壊していさえすればそれでいいのか。反形式、反組織、反秩序、反類型であればよいのか。目的も、意志も、近代的主体性もないほうがいいのか。

五月が、以上のような近代的カテゴリーの対局にあるものだということを示すほど、逆方向から批判が向けられる。すなわち、それはそれで、アナーキズムといった一種の破壊主義ではないか、そうでなければ、それは大人の主体性をもたない、幼稚な子供たちによるただのバカ騒ぎではないか、ポストモダン的軽薄さにすぎないのではないか、と。

以上のような反論を予想して、もう一度繰り返しておきたいのは、むしろ主体性や組織性こそが、出来事が拡大するのを妨害したという点である。そして、前章で述べたように、この近代的主体性のなさを発見し、この特徴を最初から肯定的に捉えていた左翼思想家たちは、まさにこのことで逆に、保守思想家たちから批判を受けた。

では、単なるバカ騒ぎでも無秩序でもないが、主体や組織や目的によってコントロールされたものでもないという、五月の捉えがたいこの奇妙な性質をどう説明すればいいのだろうか。「六八年の思想家」たちから提起された、組織なき組織、主体なき主体とでもいうべき概念、既存の組織性、主体性とは異なる主体性についての概念とはどのようなものだったのだろうか。

五月においては、大きな組織、大いなる社会秩序は拒否されたが、それらとは異なる行動原理があった。二つだけ簡単に触れておきたい。一つは、既成の大組織に従わない、自発的に結成された各種の「行動委員会」と呼ばれたものである。これは、直接民主主義の実験として行われ、実際に五月を後押しする役割を担った。

江口幹によれば、「この行動委員会は、いわば三月二二日運動型の自己増殖として誕生し、五月中には四百六〇にも達した」(江口 1998：128)。大学の場合であれば、それは「学生たちによってのみならず、学生たちと大学の職員たちで、研究所の職員たちで、ある地区の市民たちで、というふうに多様な形で組織された」(江口 1998：129)。他方、労働者たちの間で「下部委員会とかストライキ委員会と呼ばれ」たものは、「職場単位に、組合の枠を越えて結成されたもので、その一部はしばしば自己管理への志向、つまり工場や企業の管理を労働者たち自身の手中に収めようという志向を示したことで、注目され」(江口 1998：129)た。

もう一つの主体なき主体の動きとしては、「言葉の爆発」と呼ばれたものや、「街頭や大学のキャンパスや劇場で昼夜繰り広げられた感性の祭典」があった。後者は想像がつくとしても、では、「言葉の爆発」とは何か。

これまで述べてきたように、〈社会的なもの〉に閉じ込められている〈住民〉に許されているのは、社会化された通路を通した意見の表明、あるいはコミュニケーションである。すなわち、選挙で投票するとか、政党支持率アンケートに答えるとか、あるいは、近しい者への愚痴、ネットへの書き込み、苦情電話、窓口への相談のようなものしかない。〈社会的なもの〉の閉域の中で許されている言葉の流れはこのようなものでしかない。

そしてこのような言葉は、結局、〈社会的なもの〉の外で行われる、少数のエリートたちによる公的な事柄の取り決めのテーブルには届かない。届けられるにしても、得票数、政党支持率、苦情件数などのような、抽象的な数値（民衆の存在のシミュラークル）に還元されることによってでしかないだろう。〈社会的なもの〉の中では、民衆の存在は、少数のエリートの取り決めの場からすれば、脅威をもたない参考資料程度の価値しかもたない。

これに対し、五月において民衆の言葉は、デモ行進でのプラカードなどによる主張、シュプレヒコールや歌だけでなく、多数刷られて配布されたチラシ、パンフレット、至る所での壁への落書き、また、街路での見知らぬ者同士の対話、占拠された大学や工場などの構内で昼夜問わず行われた集会、あるいは、街路の民衆に状況を逐一伝えたラジオ放送など、多種多様な通路を通じて噴出した。抑圧されていた言葉、社会的なものの中では流通することが許されていなかった言葉が、通路の亀裂から一気に漏れ出し、噴き出したかのように。こうして噴出した言葉は、政治の舞台へと上がり、エリートたちも無視することのできない民衆の声となって、政治空間となった街路に響き渡ったのである。

自ら「学生－作家行動委員会」に参加していた批評家であり作家である、モーリス・ブランショは、この爆発した言葉の多様な流通に自らも加わりながら、噴出しそのポテンシャルを開花させる言葉を前にして、そのポテンシャルを減じるようなことを断じてしてはならないと、自身が執筆していたパンフレットに書き記した。自分たち作家が文学「作品」を世に送り出す媒体であるはずの書物ですら、それを封じ込めるパッケージになりかねないとすら書いている。

壁に書くということ、書き記すことでもなく弁を振るうことでもないこの様式、街路で荒々しく撒布され、慌しさを反映するビラ、読まれることを必要とせずむしろあらゆる法に対する挑戦であるかのようにそこにあるステッカー、無秩序への指令、言説というものの埒外で歩調を刻むような言葉、叫ばれるスローガン――そしてこのパンフレットのように一〇頁ばかりのパンフレット、それらはみなかく乱し、呼びかけ、脅威を与え、そして最後に問いを発するが、答えは期待せず、確かさの上に安住しようとはしない。私たちはそうしたものを決して書物のうちには閉じ込めまい。開かれているときでも閉じることへと向けられている、抑圧の洗練された形態に他ならない書物の中に。（ブランショ 2003＝2005：177）

とはいえ、五月が終わると、再び街路から自由の空間は消え去り、社会的なものの秩序が戻り、社会的に承認されたコミュニケーションしか許されなくなる。このことを示す一つの事例として、五月が終わった後、五月について書かれた多くの出版物、書物が、消費社会の流行「商品」として流通し、その中に出来事が、意図的ではなかったにしても、回収されてしまうということがあった。ここにあるのも、言葉の社会化の一つである言葉の消費社会的商品化であり、この商品化された言葉を通じておのおのが孤独に出来事を理解するという社会化されたコミュニケーション回路である。

五月の運動の総体は、街路の騒乱を生放送したラジオ、自由参加の公衆の集会から私的な読書行為へと取って代わったのである。(ブランショ 2003=2005:179)

しかしこうした直接民主主義の実験や落書きなどによる言葉の爆発は、事態が収拾されてからは、形として何も残らなかった(多少の、大学の教育環境の改善、労働条件の改善、性解放などの文化的多様化等々を除いては)。この結果から、五月は、革命として失敗したという烙印を押されることになった。そこで行われたことは無意味だったのだ、と。

しかし、それは問題ではない。ブランショやドゥルーズのいう出来事とは、何か形として残るものの全体を指すのではなく(現実化された行動、発せられた声、書かれた文章、壊された街路や身体の損傷、改善された制度など)、形として残らないもの、一見、何も変わっていないように見えるがしかし、その前と後では、決定的に何かが変わっている、そのような変化それ自体のことなのだから。例えばその変化とは、言葉を発することの自由、国家に支配され、警察に利用を規制された街路を自由に占拠することなど、抑圧されていた政治的情動を、束の間であれ、確かに一度生きてしまった、という人々が何百万、何千万にのぼったというところ、また、そのような大勢の人々が自由を生きてしまった空間が、束の間であれ、いくつかの場所に生起したというところにあるだろう。

こうした変化は、いったん秩序が戻ると、確かに痕跡を失うように見える。しかし、空間の底の、見えない基底部、空間内部にあるものを意味づける下地のようなものには、何らかの変更を加えたのではないだろうか（先に、この変更を、五月は社会空間に「穴を空けた」という表現で述べておいた）。

先に、暴力行為と、そうではない政治活動の区別、さらに、組織化された活動か、そうではない活動か、という区別について述べたが、この問題をここでさらに展開することができる。ある政治的な行動が、暴力的なもの、あるいは近隣住民が迷惑するものと見なされるのは、その行動の属性のせいではなく、その行動に否定的な意味づけをする空間内部の下地を、その空間が持っているかどうかに左右される。そうすると、六八年五月は、（民衆の政治を否定化する）空間の基底性に変更を加えるための民衆による一大政治プロジェクトだったのではないか、と考えることができる。

社会的なものの追放

今日日本において、デモは、法的にも社会的にも一応許されている政治的活動であるが、しかし、これはあらかじめ警察に届け出をし、デモ行進は警察の護衛が伴われなければならない点で、制限されたものである（ちなみに、フランスで二〇〇九年一月に行われた、雇用削減に反対する主要労働組合主導の大規模なストに対して、サルコジ大統領は、スト権乱用だと批判した）。

これについて、次のエピソードを紹介しておこう。デモは一般的に、行進中に、街路の通行人が飛び入り参加することで多少その規模が大きくなっていく。しかし、二〇〇八年に札幌で行われた反G８のデモ行進は、デモ参加者の数倍の警察官（全国から動員された）が、デモ行進と通行人とを分断する形で、つまり、飛び入り参加を阻止する、完全に警察に包囲されたデモ行進となった。さらに、この執拗な包囲は、デモ参加者に暴力的になるよう挑発する結果をもたらし、逮捕者を出した（道路交通法違反の嫌疑で）。

しかし先述したように、警察は、潜在的な情動を現実化した何らかの行動しか取り締まりの対象にできない。潜在的なものは対象にできない。潜在的なものまで対象にできるのはポリス的秩序である。このポリス的秩序の支配が社会のすみずみにまで行き渡っているからこそ、こうした不当逮捕に対して他の人々から異を唱えられることが少ないのである。

これに対し、六八年五月に起きたのは、まさしく、街路から完全に社会的なものの空間、あるいはポリス的秩序を追放し、民衆が支配する空間をもたらしたことである。ここに、政治的な自由が生じた。言葉の爆発が起き、人びとが対話し合ったのである。(1)その様子を当時参加した人びとはどのようにそれを経験したのか、カーランスキーは次のように書いている。

一九六八年の春のいちばん懐かしい思い出は何か、とパリの誰に聞いても、きっとこう答えるだろう。「人びとが対話していたことだ」、と。バリケードでも、地下鉄でも人びとは議論していた。人びとはオデオン座を占拠し、そこでフランス人らしく昼夜の別なく延々と長口舌をふるっていた。誰かが立ち上がっては、革命の本質や、バクーニンの無政府主義の真価、チェ・ゲバラはどこまで無政府主義かについて演説を始めた。一方、そうした主張を延々と時間をかけて論破する者もいた。街頭の学生たちはここにきて初めて、自分たちが教師や教授と対話をしていることに気づいた。労働者と学生も対話した。杓子定規で形式的な

(1) パリの街路を埋め尽くした大勢の人びとが互いに議論し合う様子は、ウィリアム・クラインの映画『革命の夜、いつもの朝』(フランス・カナダ　一九六八年)(DVD販売元：ブロードウェイ)で見ることができる。モーリス・ブランショらが参加していた、ソルボンヌでの学生‐作家行動委員会の討議の様子も撮影されており、参加するマルグリット・デュラスやディオニス・マスコロ(一九一六—一九九七　フランスの作家)らの姿をそこに確認することができる。

一九世紀の社会を迎えて以来初めて、あらゆる人がおたがいに議論を交わしていた。あちこちの壁に「隣人と対話せよ」という落書きが見られた。そのころにはアラン・ジュスマルの妻になっていたラディスは、こう語っている。「六八年の本質は、解放、自由、人びとの対話、街頭や大学、劇場での対話を強烈に実感したことです。石を投げるよりもはるかに強いものでした。それはまさに一瞬の出来事でした。秩序や権威や伝統の体制全体が吹き飛んでしまいました。今日の自由の大半は六八年に始まったんです。」(カーランスキー 2004＝2006：40)

また、このときの街路の無秩序さについて、江口は次のように書いている。

二〇日には、郵便、電気、ガスも完全にストに入る(しかし家庭用電流は切られていない)。保険会社、百貨店、銀行もストに加わる。炭坑はすべてが止まり、製鉄業は半ばしか動いていない。二四日には一千万人に達し、これはフランス労働人口のうち、実に二人に一人がストライキに加わったことを意味する。

もはや列車も、バスも、地下鉄もなかった。通りは紙屑とゴミの山だった。都市間の道路は異常な渋滞に見舞われたが、それはまもなく解消した。ガソリンがなくなったからである。パリ市民たちは、車のないパリの美しさに改めて感嘆した。戦後直後のように闇市もできはじめた。人びとはスーパーに走って、備蓄に努めた。銀行は紙幣の不足を考慮して引き出し額の制限をしたが、杞憂に終わる。銀行それ自体がストに突入したからである。（江口1998：128）

交通網、公共機関、だけでなく、商店などもストに入り、ライフライン以外は、社会が麻痺するに至った。もちろん、人びとはこうした状態を長く続けるわけにはいかなかったため（食べることができなくなるし、働かなければ賃金をもらえない）、秩序が回復されるのは時間の問題だった（ド・ゴール政権の勝利は、人々が支持したというよりはむしろ、この時間の問題の方が大きかっただろう。そしてド・ゴールは、このことを理解していたからこそ勝利しえたのである）。

これほどまでにして、人びとが闘っていたのは何のためだったのだろうか。それは労働条件や教育環境の改善だけではないだろう。そこには労働組合や学生運動の組織、左翼政党などの個別の利害を求める主張に還元できない何かがあったのである。

第三章では、その何かを政治的情動とだけ呼んでおいた。ここでさらに進んで、その情動は何を目指しているかを考えてみたい。それは何か。それをここでは、自由の空間だと考えてみよう。そうすると、社会の麻痺は、破壊への情熱ゆえ、乱痴気騒ぎをしたいがためにもたらされたのではなく、この自由の空間を街路へと降臨させるためにこそ必要とされた、と理解できるようになる。つまり、破壊への情熱、乱痴気騒ぎの興奮の結果として、社会の麻痺がもたらされたのではなく、私たちを閉じ込める社会的なもの、私たちに分をわきまえさせようとするポリス的秩序、支配の空間を、街路、街から追い出し、民衆の政治の自由な空間をいまここに連れ戻すために、社会の麻痺が必要だったということではないだろうか。自由の空間という真実が、いまここの場所に生起するためには、社会的なもの（ポリス的秩序）によって塞がれた場所を、開く必要があったということであり、場所をいわば間空けるために、社会の麻痺が必要だったということではないだろうか。

要するに、五月の街路でなされたことは、すべて、ポリス的秩序からすれば、犯罪行為や迷惑行為に相当するが、こうした否定的な見方に反対して、秩序の停止、社会の麻痺を、政治運動による自由の空間の現出の条件として、肯定的に見ることが重要なのである。

テレビによる暴力的スペクタクル

しかし、当然、ポリス的秩序の内部にいれば、このような肯定的な見方は難しい。否定的な見方をつくりだすことに当時、大きく貢献したのは、日本と同様、やはりテレビであった（また、これは今日でも変わらない）。六八年のフランスでもそうだったことについて、カーランスキーは、テレビが、秩序を乱す人びとの姿を好んで放送すると述べている。実際、テレビは暴動ばかりを報じた。

政治見解を代弁するフランスのテレビ局は、［…］暴動を大きくとりあげた。それればかりか、外国のテレビ局も同様にとりあげた。警棒を振りまわす機動隊が、投石するティーンエージャーを相手に闘う場面ほど格好の映像はなかった。ラジオや活字メディアも、暴動ばかりを報じた。［…］今日、手に入る当時の写真や映像は、大半が暴力シーンだ。だが、平均的なフランス人デモ参加者にとって、そこに見られるのは決して暴力などではなかったし、彼らのほとんどがそんなことなど気にも留めていない。そこにあるのは、フランス人がこよなく愛する楽しみ、対話だったのだ。（カーランスキー 2004＝2006：40）

しかし、次のことに関しては逆に今日では想像しにくいが、当時、驚くべきことに、こうしたテレビ局の方針に、テレビ局の社員たち自身が反対し、ストライキを起こしたのである。ある時期から、テレビには再放送しか流されなくなった。

国営テレビはそのとき起こっていることを報道したが、主な出来事を報じないという誰が見てもわかる編集をした。だが、自分たちの番組が中止されることに嫌けをつのらせたテレビ局の報道局員たちは時代の精神に感化され、五月十六日、テレビ局の記者、カメラマン、ドライバーたちでストライキを断行した。（カーランスキー 2004＝2006：45）

フランスでは、この後、八六年の大規模デモでも、マスメディア自身が反権力の味方になった。デュラスは、次のようにそのときのことを書いている。

八六年一二月に学生たちがやったあの奇蹟的なストライキの時みたいに、ジャーナリストたちがわれわれの待ち望んでいることを的確に表現してくれたら、みんながジャーナリストに畏怖の念をもつわよ。彼らにキスしたり、手紙を出したくなってくる。彼らの威信がストライキに合流し、それと一体になってしまった。こういうのはめったに見られないことよ。それが八六年一二月のフランスで起こった。パリじゅうが、ストライキのことを話すのと同じくらい、そのことを話題にしていた。あの時の新聞はほんとうにお祭りだった。パスカとバンドロー（訳注シラク首相の支柱と言われた内務大臣シャルル・パスカと治安担当の最高責任者ロベール・バンドロー）がおかかえの犬どもを放つまでそれが続いた。（デュラス 1987 = 1987：184）

マスメディアが報道しない現場の運動参加者にとって、暴動はどうでもよく、対話こそが重要だったのだが、この対話がなされている場面は、テレビには映し出されないのである。こうした傾向は今なお変わらない。いずれにせよ、ここで多くの人びとにリアルに経験されたのは、デモクラティックな自由や友愛だったのであって、暴力などではなかったということが重要なのである。

秩序それ自体の拒否としての異議申し立て

戻ろう。社会的なものは、自由の空間を、抑圧しているものであるがゆえに、除去される必要があったのである。当時盛んに言われた異議申し立てという言い方に、そのことが含まれている。五月の主人公である学生たちが拒否したのは、ある特定の政策や政治家の過失などではなかった。秩序それ自体だったのである。西山雄二は、ブランショ論である『異議申し立てとしての文学』の中で、ブランショにとっての六八年を追いながら、当時の学生たちによる〈異議申し立て〉の運動が目指したものを、いわゆる「抗議行動」なるものとははっきりと区別している。

抗議行動が社会の価値体系に準拠しながらその枠のなかである権利要求を実現させる行為だとすれば、それに対して、異議申し立ては価値体系そのものに対して根底的な視点を導入する行為である。〈五月〉において、異議申し立ての運動は、現下の社会を肯定するのか否定するのかといった二項のあいだで交渉するのではなく、抑圧的な社会体制そのものに対する拒絶の威力を至るところで目に見えるようにしたのである。(西山 2007 : 278)

したがって、政府との間にグルネル協定（第三章註3参照）を結ぶことで妥協した労働組合とは異なり、当然のことながら、学生はそのような妥協案をも拒否した。これについても西山の本を参照しておこう。

例えば、〈五月〉の学生たちは「ブルジョワの大学に否！」という合言葉を掲げたのに対して、フランス政府は窮余の策として「教育の民主的改革に関する計画」を提示した。しかし、こうした改革の類は異議申し立てとは異質なものである。なぜなら、改革が「民主的」に遂行されるといっても、それは多数派の合意形成を促すことで少数派の異議申し立てを封じ込めることでしかないからだ。［…］改革は、拮抗する友敵関係に共通の地平を提供することで、意見対立を緩和させ、これを把握可能なひとつの集合として纏め上げようとする。多種多様な意見は代表制民主主義の機構のなかで相殺され、大多数の良識が個々人の異議申し立てを圧倒するようにうながすのである。（西山 2007：278）

そしてこのような改革や妥協案の拒否が、さらに秩序それ自体への拒否に至ることによって、社会的なものが停止させられるところにまで運動が推し進められたのであり、それによって自由な空間が現れ得た。この徹底した「拒否」こそが民衆を共にあらしめていたのだと、ブランショと共に、当時、学生‐作家行動委員会に参加していたマルグリット・デュラスは書いている。

拒否だけがわれわれを結びつける。階級社会からはずれ、それでも生きて、階級化されえず、それでも破壊されえずに、われわれは拒絶する。われわれはこの拒絶を推し進め、われわれの拒絶するものを拒絶することによって、自己を正当化するもろもろの政治団体に、われわれ自身が同化することを拒絶する。われわれは、反体制的諸制度が綱領化した拒絶を拒絶する。われわれはわれわれの拒絶が、包装され、紐をかけられ、一つのブランドをまとうことも、拒絶する。そして、その生き生きとした源泉が涸れることも、また、その流れが逆流することも。（デュラス 1980＝1998：79）

自由の空間

以上のことから、五月が単なるバカ騒ぎや秩序の破壊を目的とするものではなかったことが理解できる。社会的なものの秩序そのものを拒否することによってのみ姿を現す、自由の空間を降臨させることが問題だったのである。

今日、政治活動を暴力的とみなす、警察権力、ポリス的秩序化があり、また、治安維持などを理由に行われる都市区画整理、監視カメラの設置等々がある。ここで問題なのは、こうした権力に「抗議」することではない。それはまだ、秩序の恩恵、社会的なものの恩恵に自分も浴しながら、社会的なものを批判することにしかならないからである（これについては補遺で述べる）。

そうではなく、政治活動を暴力的とみなす、私たちが住む、平和な社会的なものそれ自体に拒否を示すことが問題なのである（後でも述べるが、ここで拒否を示すということが何を目指すかというと、それは、秩序の破壊ではなく、特権階級が動揺するほどまでに、民衆が自らに威力があるということを示すことである。というのも、今日の民衆は、少し改革すれば、改善すれば、法を改正すれば文句を言わなくなる、というように侮辱されているのだから）。

したがって、私たちが生きづらいとすれば、それは、貧困、格差のせいだけではない。この貧困、格差を生み出している、しかし同時に、私たち自身が恩恵を被ってもいる、特権階級に都合よくつくられた虚構のポリス的秩序によって、自由の空間が抑圧されているからでもあり、私たちの不自由を私たちに当然のものとする（「分をわきまえろ」）特権階級の人びとによる侮蔑のせいでもあるのだ。

先のカーランスキーの引用を思い起こしたいのだが、そこでは、階級、年齢、性、文化が異なる人びと、しかも見ず知らずの人びとが街路で自由に議論することがあたかも奇跡であるかのように述べられていたことに留意しよう。後でも述べるが、自分たちの安全を守ってくれたり、自分たちの生活を何の不便もなく過ごさせてくれている社会的なものの秩序が、いつの間にか私たちから自由を奪い、私たちを互いに隔てている、いくつもの壁のようなものになっていたということがある。ここに読み取れるのは、この壁を取り払おうとすることの喜びが、人びとを突き動かし、熱狂を生んだということである。

とはいえ、このような熱狂は、最初から計画され、企てられ、目標とされていたわけではなかった。これについては行動委員会に参加していたブランショによる次のような文章を参照できる。

> 六八年五月は、容認されたあるいは期待された社会的諸形態を根底から揺るがせる祝祭のように、不意に訪れた幸福な出会いの中で、爆発的なコミュニケーションが、言いかえれば各人に階級や年齢、性や文化の相違をこえて、初対面の人と彼らが、まさしく見なれた‐未知の人であるがゆえにすでに仲のいい友人のようにして付き合うことができるような、そんな開域が、企ても謀議もなしに発現しうる（発現の通常の諸形態をはるかにこえて発現する）のだということをはっきりと示して見せた。［…］「企てなしに」ということの点に、存続すべくも定着すべくも運命づけられてはいない捉えようのない比類ないある社会形態の、覚つかなくもあるが幸運に恵まれた特徴があったのである。（ブランショ 1983＝1997：65）（強調引用者）

最初から目標として目指されていたわけではなかったが、次第に現れてきたのは、街路に自由の空間を空け開くということ、存続することはないだろうし、捉えようのないものであるかもしれないが、とにかく「ある社会形態」、ある共同体を築くことへの模索がいつしか行われていた、と。

ブランショは、この共同体を「明かしえぬ共同体」とだけ名づけた。それに、人びとが目標として目指した何かとすることや、人びとがそれを求めたところに何とか主義というような名を与えたりすることをブランショが避けていることに留意しておこう。重要なのはそのような名ではないのである。ブランショからの引用は次のように続く。

> 〔五月では〕「伝統的革命」とは逆に、権力を奪取してそれをもうひとつの権力に置き換えることや、バスティーユなり冬宮、エリゼ宮（大統領官邸）あるいは国会なりを占拠するといったさして重要でもない目標があったわけでもなく、また古い世界を転覆することがねらいだったのでもなく、各人を昂揚させ決起させることばの自由によって、友愛の中ですべての者に平等の権利を取り戻させ、あらゆる功利的関心の埒外で共に在ることの可能性をおのずから表出させることこそが重要だったのである。（ブランショ 1983＝1997：65）（強調引用者）

権利の要求、改善の要求、そういった功利的関心は二次的なものでしかない。最も重要なのは、束の間であれ、自由、平等を経験すること、友愛 amitié を経験することだったのだ、と。

通常、社会的なものの秩序では、身分、役割が人びとに対して与えられており、つまり人びとは壁で仕切られており、基本的にはそれぞれ割り当てられたスペースのなかでしかコミュニケーションできない。そして、このようなコミュニケーションは保護された私的空間でのおしゃべりでしかない。

しかし、ここでの喜びにあふれたコミュニケーションは、社会的なものの保護する壁が取り払われた後での、共同世界を自分たちでつくりだそうという努力によって行われたものである（もちろん、この関係は、なれ合いのものではなく、疲労や猜疑心などと表裏一体であるだろう）。

そうすると、保護された空間内で行われたものではないので、何もかも自分たちでしなければならない。公共サービスなどがストップしているのだから。例えば、ストライキで交通網が麻痺した都市部では、人びとは互いに移動を助け合わねばならない。これについてはやはりフランスで二〇〇六年に起きた大規模ストライキの時に見られた場面についてのアントニオ・ネグリの報告を参照することができる。

> 一〇月、一一月頃のことですが、パリ郊外のすべての地区で見られるようになったのは、パリに向かう車が途中で止まり、停留所で来ないバスを待っている通勤者たちを拾っていくと

いう光景でした。車は乗せられるだけの人を乗せ、パリの幹線道路を縫ってその人たちを工場へ運んでいったのです。シフトや勤務時間は、工員たちが到着する時間に合わせて調整されました。同時に忘れてならないのは、こうしたことのすべてが、凍りつくように寒い、きわめて困難な状況のなかで起こったという点です。（ネグリ 2006＝2008上：58）

階層的序列、世代的序列など序列が停止することによってこそ可能になったある種の助け合い、相互扶助の関係、共同存在性がある。他者が引き受けてくれているからこそ自分がここに存在しえている（逆もまた同じ）という共同存在性（ハイデガー）が、社会的なものの保護が停止することによって、より生のものとして露呈される。

このような場面に生じる人間関係を、ブランショは《友愛》と呼んだ（したがって、これは、社会的なものの中での友情とは全くことなる）。

カストリアディスもまた、この友愛の関係について次のように述べている。

積極的に友愛と連帯を深めたあの数週間、そこでは人びとが狂人と見なされる恐れなしに誰にでも言葉をかけ、車の運転者すべてがヒッチハイクを求める人びとのために停車した［…］あの数週間。［…］あらゆる種類のシット・インやティーチ・イン、そこでは教授たちと学生たちが、教師たちと生徒たちが、医師たち、看護婦たち、補助職員たち、労働者たち、技術者たち、職長たち、商業や行政の管理職員たちが、自分の仕事や自分たちの関係について、自分たちの企業の組織や目的を変える可能性について、討議しようとして幾日も幾夜もとどまっていたのである。（江口 1998：132）

ここから読み取ることができるのは、自由の空間が空け開かれていない、通常の秩序の中では、全く見ず知らずの相手に対して、いきなり議論をしかければ「狂人とみなされる恐れ」があるが、五月のパリの街路に空け開かれた自由の空間の中では、それが可能となっただけでなく、互いに助け合い、自分たちの共同体を良くするためにはどうすればいいかを共に考えようとする友愛の関係がつくられた、ということである。そして、この自由の空間は、社会の麻痺が起きたからこそ空け開かれた場所だったということが重要である。

次の引用でブランショによって書かれているように、自由の空間は存続する見込みのないもの、つかの間のものでしかありえない。このような特徴が重要なものだとされるのは、ブランショが、民衆という集団を考える時に、これが組織化されてしまうことに強い警戒心を持っているためである。そのことは次の言葉にはっきり示されている。

持続してはならない、何であれ持続に加担してはならない。そのことがこの例外的な日に聞き届けられた。誰ひとり解散を指令する必要はなかった。人びとは、無数の人を集会させたその同じ必然性によって散って行った。またたく間に散ってゆき、何も残さず、闘争グループの形でそれを存続させると称して真実の示威行動を変質させてしまう未練がましい徒党を組織するということもなかった。民衆とはそのようなものではない。彼らはそこにおり、もはやそこにはいない。民衆は彼らを固定化するような諸もろの構造を無視するのだ。現前と不在とは、混合されるものではないとしても少なくとも実質的に入れ替わり合う。だからこそ、民衆を認めない権力の保持者たちにとって民衆はおそるべきものなのだ。(ブランショ 1983＝1997：70)

「そこにおり、もはやそこにいない…現前と不在とは…入れ替わり合う」といった表現は、ブランショがしばしば負っているハイデガーの〈存在〉と〈存在者〉との間の〈存在論的差異〉の概念から理解しなければならない。ここでブランショが言わんとしているのは、民衆の〈存在〉が、民衆一人ひとりの〈存在者〉性(民衆が、実際に街路へと現われているのか、現われていないのか)にのみ由来するものではないということである。

権力が民衆を恐れるのは、まさに、ある特定の場所を占める何人か数えられる人々が、その背後にいるだろう、そこに来るかもしれない他の人々の一部でしかないからである。したがって、現前(そこにいる)なのか不在(そこにいないのか)なのかは重要ではなく、一人のそこにいる(現前する)人は、他のもっと多くのそこにいない(不在の)人のうちの一人でしかないのであって、つねにその人が他の多くの人々と入れ替わりうる一人である以上、民衆の〈存在〉とは、数えられるものではないのである。この点において民衆は手に負えないものなのだ。民衆の存在が示されたのであり、それを示したのが、舞台としての街路だったのである。先に引用したように、学生たちの拒否、民衆の拒否は、政府の方針などに向けられるだけではなく、自分たちがはめ込まれている社会的なもののなかでの各々への地位や身分などの割り当てをも拒否する。

つまり、民衆とは、存在論的に、自らに課される枠を外していくという性質をもっている。そして、枠をどんどん自ら外していったこの民衆という集団が至るのは、不定型な運動、目的も明確な主張も、外側からはよくわからないようなそうした運動である。そして、その枠が解除されたところに生じるものこそ友愛なのである。そこで互いを結びつける紐帯となりうるのは、もはや制度などの外的な枠ではなく、この内発的な友愛なのである(2)。

すでに何度も述べてきたように、ここで主張したいのは、秩序を破壊せよ、とか、社会的なものを一掃しろということではない。いわゆるアナーキズムなどではない。自由の空間をもたらすことを問題にしているのである。そしてこの自由とは、政治的に無力にされている社会的なものから出て、特権階級に対して、脅威をもった存在になることである。このことについてさらに考えてみよう。

支配関係の中断、支配の偶有性の露呈としてのデモクラシー

行われた破壊が意味しているのは、単なる秩序を乱すことではない。その秩序の正当性が自明であることに疑いを向けるというところに意義を見いださねばならない。

そして、何よりも、国家による支配（統治）を中断すること、また、民衆が、中断するだけの威力をつねにすでに潜在的にもっているということが示されたことが重要である。日頃、特権階級に侮辱された民衆にも、このような威力が備わっているのだということが示されたのである。

中断するとは、ランシエールが、デモクラシーの狙いとして規定したものである。中断するとは、支配の関係の逆転ではない。つまり、政権を転覆させて民衆が今度は支配の側にまわるということではなく、支配の関係を一時停止するということを意味する。

そのことにどんな意味があるのか。それは、中断することによって、隠されていた支配の偶有性が露呈されるからである。つまり、そのことによって、支配する、支配されるという今成立している関係は、他にもありえる関係であり、たまたま今あるような支配関係になっているにすぎない、ということが露呈される。

そして、どこにもいないように見え、至る所にいたりする民衆が、この支配関係を中断さ

せ、その偶有性を露呈させること、これこそがデモクラシーだというのがランシエールの考えである。通常、デモクラシーとは、語義としては、デモスのクラティア、つまり、民衆の統治、支配という意味になる。しかしこれは、先にも触れたように、古代ギリシアの直接民主制か、あるいは、いまの国民主権という考え方に近い。つまり、国民は議会（自分たちを代表する議員）を通して主権を行使している、といういまの民主主義の考え方に近い。ランシエールのいう支配の中断という考え方は、近代以降の代表制でもなく、民衆が直接支配するという直接民主主義でもなく、近代の広大な領土における集団によるある種の直接的な政治参加として、デモクラシーの定義を可能にしている。

(2) 近年、近代的プロジェクトの様々な行き詰まりを見せる中で「オルタナティヴ」、あるいは、「もう一つの世界」、新たな制度といったものが求められている。批判するだけではなく、どうすればいいか対案を示せ、と。しかし、こうした態度は単なる思考の衰弱を示しているにすぎない。制度や政党など容れ物が新しくつくられたからといって、自動的にその中に何か新しい内容が生まれることにはならない。こうした「オルタナティヴ」なるものへの安直な信仰に、ブランショのいう友愛は、真っ向から対置されるものだろう。ここにこそ、思想、哲学の強みを見いださねばならないだろう（このことについては改めて終章で論じる）。

松葉祥一が指摘しているように、ランシエールがいうデモクラシーとは、政治制度でも理念、イデオロギーでもない。したがって、それは制度化して存続できるものではない。ランシエール的に言えば、五月で重要だったのは、社会を麻痺させるほどの威力が民衆にあるということが示されたこと、言い換えれば、民衆が、支配を中断する力を持っているとポされたことである。

> デモクラシーとは、代議制の形式でも、資本主義自由市場に基盤を置く社会の型式でもありません。この語に、それが潜在的にもっているスキャンダラスな力を返さなければなりません。この語は何よりもまず侮辱語でした。デモクラシーは、それを支持しない人々にとって、下層民・群衆・統治する資格をもたない者の統治です。彼らにとって統治は、統治する資格をもつ者、つまり富をもつ者や、神との絆の証拠をもつ者、有力な一族、学識のある者、専門家のものとすることが自然なのです。しかしながら、政治的共同体が存在するためには、競合するこれらの優位性が、「権限のある者」と「権限のない者」のあいだの根本的平等の水準にまで引き戻されなければなりません。この意味で、デモクラシーとは、特殊な統治の形式ではなく、いっさいの支配をその根本的非合法性へ送り返す、政治そのものの基盤だということになります。また必然的にその実行は、民衆の代表という制度上の形式を、はみだすことになります。（ランシエール 2005＝2008a：160）（強調引用者）

ポリス的秩序に日々暮らしている私たちが都市空間を眺める時にかけさせられているメガネで見れば、街路の占拠、交通機関の麻痺、社会の麻痺は、無秩序、乱された秩序という風に見えるだろう。しかし、ランシエールのいうデモクラシーという世界観を見通すメガネから見れば、社会の麻痺と呼ばれるものは、民衆による支配の中断、すなわち「いっさいの支配がその根本的非合法性へと送り返された」状態なのだということになる。

デモクラシーが目指すのは、秩序の破壊ではない。そうではなく、支配の中断、支配の偶有性の露呈、民衆の威力の表明である（私たちのどれほど多くが、デモクラシーというメガネを奪われ、失ってしまっていることだろうか）。そしてまさに、ここにこそ民衆の自由が存在するのである。

＊＊＊

補足　震災後の街に生まれた自由の空気

自由の空間にいることで感じられるある種の高揚、解放感を、六〇年代の学生運動を経験していない後続の世代の私たちはまったく理解しようがないかといえば、そうでもない。

二つだけ例を挙げておこう。一つは、震災後の街にいた人びとの経験がある（ここでは著者自身の経験を記しておこう。著者は阪神淡路大震災が起きた当時、神戸市垂水区に住んでいたが、そこは震度六と、比較的被害の少ない地域だった）。地震は、六千人もの人々を死に至らしめただけでなく、多くの人びとを負傷させ、他の人びとには、精神的な外傷を負わせた。テレビは何年ものあいだ、毎日のように「がんばれ神戸」と言い続けた。しかし、マスコミの流す同情を誘う報道と、神戸の現実には大きな温度差があった。

写真や映像でしか見たことのなかった、第二次大戦後の空襲後の焼け跡のような風景が、しだいに復興していき、そこかしこに日常が戻ってきた。市民たちは悲嘆に暮れてばかりいたわけではなかった。しかしその復旧する間も、場所によっては、決して短くない期間、ライフラインが切断されたままだった。にもかかわらず、そこには、奇妙な解放感があったのである。言葉を交わしたことのない隣人たちが、互いを気遣い、助け合った。また、開通したばかりの国道には、遠方の県から救援物資を運ぶトラックの列ができていた。県外からやってきたボランティアの人びとが、物資の運搬の作業や炊き出しなどを手伝い、多く寄せられた義援金によって、公園にプレハブ住宅が建ち並んだ。至る所で、本物の〈友愛〉が開花していた。災厄で、人びとをそれまで保護していた〈社会的なもの〉が吹き飛び、〈現実界〉に投げ出されたのだから、人びとをつなぐ絆は〈友愛〉しかありえなかったのである（これについては終章でもう一度触れるが、友愛とは〈現実的なもの〉であって、いわゆる「パニック映画」で「表象」される人びとの絆とは、全く異なるものなのである。YouTube に投稿されている震災の映像を参照せよ）。

給水車が運んでくる水を、ポリタンクをもって並んだとき、また、棚からほとんどの商品がなくなったスーパーで、食べられるものなら何であれ構わず買うためにレジに並んだとき、また、火を使えないためハムなどしかのっていない紙皿（水を節約するため食器は使わなかった）が置かれた小さな食卓を囲んで家族で食べたとき、また、毎日寒い中、バイクを走らせ屋外まで並んで待った銭湯に大勢の近所の人たちと入ったとき等々。あちこちに放置されたままになっている倒壊した家々を背景にしながらの、この不便きわまりない生活に、奇妙な解放感があったのである。その理由は、おそらく災厄が、ポリス的秩序の停止をもたらしたところに、何によっても縛られていない自己の身体というものを感じることができたからである。

もちろん、このような災厄が起こればいいということを言っているのではない。災厄がもたらしたポリス的秩序の停止（社会的なものの麻痺）が現出せしめた自由の空間が、あるいは、多くの犠牲の上に現出した、現代において稀有な自由の空間が、どんな見えない束縛から人びとを解放させたかということの重要性は、いまだ理解されていないということが言いたいのである。さらに言えば、この時、決して少なくない人びとが、自由を、友愛を、平等を、生きたはずだったが、おそらくある種の喜びを伴ったこの経験が、多くの犠牲を生んだ災厄がもたらしたものだからといって、語ることを慎まねばならないものにされてしまっているのなら、それは考え違いだということが言いたいのである。ここに不幸があるとすれば、私たちが自由を獲得するには、あるいはポリス的秩序が機能停止するには、多くの犠牲を伴う地震の悲劇が到来することを待つしかないということにある。

また、このとき、県外からかけつけた多くのボランティアの人びとの活動が、自己満足や野次馬根性といった言葉で揶揄されたが、しかしもし、このポリス的秩序の麻痺によって生まれた自由の空気を吸いたかったという欲求をもった人がそこにいたなら、そのように揶揄されるにはあたらない。

実際、そのときの被災者の一人だった上山和樹は、その後、引きこもりの自分の体験を本に著すことになるのだが、震災がいかに「異様に自由（traumatic freedom）」な空気を街に雪崩れ込ませたかということについて、自身のブログの中で次のように書いている。

「一万円札があってもおにぎり一個買えない」のが、異様に自由だった。《日常》が壊れて、死と隣り合わせだけど、自分を縛るものがない。息をするのに、「自分の肺で呼吸している」実感。規範に締め付けられた無感覚の呼吸ではない。「蛇口をひねっても水がでない」状況が、規範を無化した。何もないところに、他者といっしょに放り出されている。私は、当たり前のように「社会活動」した。「それ見ろ、ひきこもっていても、生死が懸かったら働けるんでしょ」と言われた。「兵糧攻めにも効果がある」という意味だろうが、「社会規範が温存されたまま自分だけ飢える」のと、「ライフライン＝規範が破綻し、地域住民全体が飢える」のでは、状況がまったく違う。震災時に重要だったのは、「飢える」ことと同時に、「日常が壊れた」ことだった。私は今でも、精神的にヤバくなると、「今は被災時だ」「対策会議の最中だ」と思い込む。すると、神経症的空転が治まり、すこし楽になる。（上山 2006）

おそらく、引きこもる人は、ポリス的秩序による自由の抑圧に、とりわけ敏感な感性をもっているのではないだろうか。だからこそ、その秩序が機能停止したとき、外に出るのが平気になったのではないだろうか。

他にもおそらくまだまだ現代の日本にも、このような自由の経験はあるだろう。あと一つ挙げよう。それは、フジロックフェスティヴァルという山中での野外フェスティヴァルでの経験である。

しばしば、左派的言説を忌避する人びとに揶揄されることとして、フジロック的高揚など、六〇年代のアメリカの対抗文化、ヒッピー文化（既成の価値観と社会生活を否定し、自然への回帰を提唱した）、ウッドストック（一九六九年八月一五―一八日に行われたロックを主とする大規模な野外コンサート）に、ナルシシックに酔っているだけだといわれる。しかしそうではない。そこには、街では得られないような自由の経験が確かに生きられているからである。ではそれはどのようなものなのか。些細なことだが、そこでは、学生、主婦だけではなく、服装からすると何の仕事をしているか分からないような会社員が混ざり合って、山の中の道ばたに寝ることの自由が生きられている。町中でこのようなことをすれば、頭がおかしいと思われるだけだ。ここには少なくとも、道ばたに寝る人を、迷惑に感じたり、白い目で見たりする人は誰もいない。むしろ、自分もやってみたいと誘われるほどである。また、わずか三、四日だが、働かなくても「ニート」だと指さされることはない。昼間寝て過ごし、深夜から朝にかけてライヴやサーカスを楽しむことが許されている。

また、もう一つの特徴は、ゴミ回収がきちんと行われていることである。これにはNGO団体のボランティア活動による支援に負うところもあるが、それだけでなく、一種の友愛も生まれているように思われる。ゴミ掃除の業者などが入っていない分、自分たちだけでゴミを回収し、捨てるということを行わなければならない。「フジ」から追い出された過去の苦い経験を二度と起こしたくないと考えている参加者たちは、公共サービスによってある部分が保護されていない山中の空間で、自分たち自身がゴミを回収しなければならないというより切迫した状態に置かれているのである。

確かに、そう安くはない料金を支払って、ある限られたスペースでイベント参加しているにすぎないと言われるかもしれない。しかし、通常の街中と比較すれば、その空間には、一方で、ポリス的秩序がある程度機能停止された状況が生みだされつつ、他方で、その停止された領域で、人びとは友愛や、自己管理によって自力で秩序を維持するという状況が生まれているのである。

もちろん、このような例は、フジロックのような野外ロックフェスティヴァルだけでなく、他のイベントや祭りなど、様々な形があるように思われる。つまり、自由の空間は、決して遠く隔てられたものではなく、意外な近い場所に束の間だけ生まれては消えていくという性質をもっているのである。

終章　現実的なものへの情熱

第一章では、特権階級と民衆との隔たりについて論じてきた。ランシエールに依拠しながら明らかにしたのは、平等の名の下では、人々の間に隔たりなどそもそも存在しないはずが、そうなっているのは、二つの階級が分断されているからであり、そのような分離を固定化することに、政府と国民、行政と〈住民〉という名称が役立てられてきた、と。

そして、この侮蔑されている人びとを、政治的に無力化された〈住民〉という身分に縛り付けられていることから解き、政治の取り決めの場にアクセスする政治的主体性の名称である〈民衆〉へと生成変化することが求められているのだ、と。

バディウは、この隔たりが、確かに代表制という政治制度によって、正当化されてきたと考えている。後でも述べるが、この制度下では、選ぶ国民は、選んだ代表者に自分の考えを託し、その選ばれた代表者である政治家だけが、政治的取り決めに直接参加することが許される。しかし、この（選挙民が誰か）代理を立てる、（政治家が）人びとを代表するという回路は、制度化され惰性化していく中で、すでにうまく機能していないように思われる。私たちは、代表制民主主義が、政治システムとして最悪のものではないが、最良のものでもないことをすでに十分に感じている。

いま私たちが置かれているのは、代表制の枠内でそれほど大きく状況が変わると信じていない、が、それでも、日々議論される改善策で少しは状況が変わると信じている、というよりもむしろ信じざるを得ない……というような状況である。しかし、ダメだと分かっていながら、それでも信じるふりをする態度を「シニシズム」と呼ぶ。このシニシズムこそが、政治的情動を汚染している。

ここで重要なのは、本気で信じることのできるものは何かを明らかにすることである。そしてその何かは、本書で語ってきたように、代表制の外にある。思考はこの外を経由し始めると活発化する。では、その外を経由させながら、代表制について改めて考えるとどうなるだろうか。

まず、選挙民の目線で考えてみると、少なくとも当初は、代表制には自分の考えを代弁してくれる人を積極的に選択するという強い契機があったかもしれないが、しかし今ではそれは、選挙区内の各政党に属する政治家の中から自分が好ましいと思う、誰でもいい誰かを選ぶという受動的選択の弱い契機に変化している。前者にはまだ、選挙民には自分の意志を、政治家の意志へと間接的にではあれ、引き継いで欲しいという願いがあっただろう。しかし、後者になると、投票所のあの仕切られた小さなスペースで行われる、選択肢の中から誰かを選ぶという行為において、取り決めに参加する政治家に自分の意志を引き継いで欲しいという願いがどれほど含まれていると言えるだろうか。(1) つまり、選挙民がいる空間と、政治的取り決めが行われる政治家が参加する空間の間はすでに大きな隔たりが生じているように思われる。

次に政治家の目線で考えてみても同じことが言える。多くの人びとの考えを代表して取り決めに参加するという積極的な契機が、今では、当選したいがために誰でもいいから多くの人びとの支持数をたくさん集めるという受動的な契機に変化している。ここでも、二つの空間は分

(1) バディウは、投票というシステムは、デモクラシーとは逆の方向を向いているということについて、つまり、それは、人々が共に公共の事柄に参加し、同じ集団のメンバーとして意見を表明することに貢献することよりはむしろ、自分の私的なことだけに関心を向けることを確認させるためのシステムである、ということについて、次のように語っている。「もし革命に投票するか、それとも保守に投票するかと人々にたずねたら、人々はつねに保守に投票するでしょう。なぜなら投票とは本当の集団形態ではないからです。投票では、人々はいま手元に持っているものを保守することへと、自分の実存の個人的視野へと追いやられてしまいます。そこでは恐怖が決定的な役割を果たします。人々は「投票ボックス」という孤立した場所へ追い込まれてしまうのです。投票とはその定義からして、孤立させられ隔離された実践なのです。さらに言えば、それは国家の実践です。あなたは某日、あなたの意見をたった一人で述べるべく呼び出されるわけです。そこには民主主義の発想とかけ離れた関係しかありません。」(バディウ 2008a：90)

離しているように思われる。

間接民主制とはいっても、直接民主制と同じ程度ではないにしろ、少なくても当初は、選ぶ人びとと選ばれる人びととの間に政治的情動が連続しているという仮定があったはずである。しかしもはや多くの場合においてそうなってはいないように思われる。

いつからそうなったのかは分からないが、この二つの空間（政治が行われる空間と政治が行われない空間）の分離は、代表制民主主義という名称によって近代以降ずっと今に至るまで、正当化され続けてきたのである（そして、「ねじれ国会」や二大政党間の「政権交代」こそ問題なのだという言説は、今後もずっと代表制の枠組みが維持されることに付き従おうとするものである）。

現実界の逆説

バディウは、二〇世紀において、この分割は、政治的領域だけでなく、芸術の領域など至る所に作り出されてきたと指摘している。だからこそ、二〇世紀とは、人びとが、（ある閉域内で）この分割、隔たりを乗り越えるべく「闘争」しようとしてきた世紀、あるいは代表制のような巨大な閉域そのものの外へと「逃走」しようとしてきた世紀だったのだとバディウは考えている。では、人びとが向かった先は何だったのか。これをバディウはラカンの概念を用いながら、「現実界（現実的なもの le réel）との遭遇への情熱」と定式化した。

ラカンは現実界を、主体にとってアクセスすることが「不可能なもの」と定義したが、バディウによれば、二〇世紀はこの不可能なことを可能にしようとしてきたのである。民衆の政治に関係する出来事でいえば、その一つが六八年五月だった。

本章では、バディウの〈現実界への情熱〉という定式から、本書全体を整理し、民衆の政治にとって今後何が重要なのかをより明確にしたいと考えている。だが、その前に、ラカンによるこの現実界という概念について、いくつかポイントだけを簡単に説明しておこう。

現実界は、知られているように象徴界、想像界と三つ組みになっている。まず象徴界についてだが、象徴界をさしあたりここでは、私たちのいる（日常的）〈現実（リアリティー）〉だと考えておこう。この現実に不満があるとき、人は想像界へと想像的に逃避することができる。一方、（日常的）現実にははっきりとは現れてこない、知りたくない真実のある場所が《現実界（リアル）》である。しかし、象徴界と現実界の関係は、嘘に満ちた現実とその裏側にある真実の世界、あるいは現れと本質というような二項対立のそれではない。

ここにはねじれがある。どのようなものか。

私たちは、日常的現実の中で、身体を通して感じ取る標準的な感覚的現実をもっている。例えば快楽やそれに対立する不快がその一つである。そして、このような標準的な感覚を超えたところに未知の感覚があるということになる。

しかし、ラカンのいう現実界は、この未知の場所のような彼岸的、不可知論的な場所を指すものではない。これは象徴界（＝日常的現実）を基点とする解釈からすると、次のようなものになる。それは、私たちが日常的に感じることのできる快楽、不快という標準的な感覚そのものが、耐えがたいリアルな〈享楽〉を隠すものとして役立っているという考え方である。ここにあるねじれを押さえておくことが重要である。通常、私たちが小さな制限された感覚しか持っていないという場合、それを拡張すれば、真実を感覚できるようになると考えられるだろう。しかし重要なのは、そこに拡張できない理由があるということである。つまり、私たちはリアルな真実に直接曝されれば、心が崩壊してしまう。気が狂ってしまう（例えば、「狼男」と呼ばれたフロイトの患者は、幼児期に両親の性行為の光景を見たことから、それが自分にも理解できないトラウマとなり、様々な恐ろしい幻覚に苦しめられることになった）。だから、たいていの場合、人間の感受性は制限された狭いものでなければならず、そのおかげで、その向こう側の耐え難いリアルなものから保護されるということになる。ここで、リアルな真実がもつ逆説を捉えることが重要である。すなわち、真実は本性上、誰もが求めているはずのものだが、しかしにもかかわらず、人間の心身の脆弱さからすれば簡単に手を出せないほど危険なものでもあるという逆説である。

　したがって、象徴界を基点とした見方からすれば、象徴界とは、恐ろしく耐え難い現実界が、脆弱な人間の心身を崩壊させてしまうことから保護してくれている安全区域ということになる。しかし同時に、この象徴界は、絶えず現実界（リアル）が決壊し、なだれ込んでくる危険に脅かされているという点も重要である。

現実界によって与えられる象徴界への脅威

政治的領域の議論に戻ろう。象徴界とは、これまでの議論で言えば、住民が平和に住んでいるポリス的秩序にあたる。そして現実界とは、この秩序を乱すすべてのものということになる。つまり、犯罪、テロリズム、戦争だけでなく、政治的蜂起、暴動なども含まれる。なぜ後者もそうなのか。それは、政治的な取り決めの場所が、民衆にはアクセスしてはならないとされている現実界の側にあるからである。このため、この行動は、必然的に暴動や警察による逮捕といった事件を伴うことになる。

また、こうした事件が起きないように、象徴秩序としてのポリス的秩序は、民衆による現実界へのアクセスを、ことごとく象徴化しようと（象徴秩序に組み込むべく飼い慣らそうと）するだろう。つまり、蜂起や暴動という〈現実的な〉手段に向かわせないように、政治家の謝罪会見、辞任劇、内閣改造、それでもだめなら政権交代など、様々な象徴的な（「民主的な」）オプションが用意されている。

先述したように、ここで、象徴秩序としてのポリス的秩序と、現実界との分断を正当化するものこそ、代表制という政治制度である。これによって、民衆の現実的なものへのアクセスは、別の誰かによって代理されることになる。すなわち、代表制によって選ばれた代表が、国民の代理となって、彼らだけが現実界にアクセスできる特権者とされる（これによって、分断間の隔たりが埋められているように見せかけられている）。

現実界とは、ここでは、重要な取り決めが行われる場ということになる。第一章で論じてきたように、そこでの取り決めの結果が、一部の特権階級だけに富を集中させたり、多くの人びとを貧困に追いやったり、失業者やホームレス、場合によっては自殺者を増やしたりする事態を生む。したがってここでの取り決めは、多くの熟考、適切な判断、大きな責任といったものが求められて当然の、ことによっては非常に多くの人びとの命運を大きく左右する重大事である。

先に強調しておいた、（現実界から保護してくれる領域として）象徴界を肯定的に評価する考え方からすれば、代表制によって分断された象徴秩序の側に身を置くことによって、国民のすべてはこのような重大な取り決めの営みから免れさせてもらっているという解釈が可能になるだろう。つまり、酷い失策を犯すリスク、重い責任などから免れさせてくれている、と。しかし他方で、その取り決めに不満があれば、人びとはこの現実界へとアクセスしたいと願うようになる。

ここで問題は、先述した現実界と象徴界のねじれが、民衆の政治の議論にどう関係するかというところにある。すなわち、問題は、誰もが現実界の側にある真実を求めているが、しかし、それへとみんながアクセスしようとすれば、象徴界は大きく乱され、社会が崩壊してしまう、というジレンマにある。これが例えば、六八年五月に起きたことである。

象徴界自体の脆弱性

しかし、別のタイプの崩壊もある。これまで述べてきたのは、象徴界に欠けている真実は、〈外〉の現実界に存在するのだが、その現実的な（外的な）真実を象徴界にもたらそうとすれば、象徴界が崩壊してしまう、ということだった。もう一つの崩壊とは、象徴界が、自らには真実が存在しないという（内的な）不整合を、整合化しようとすればするほど、象徴界は強化されるどころか弱体化してしまうというものである。

現在の私たちの社会の危機は、前者の現実界へと人びとが殺到することによって象徴界が崩壊することよりも、後者の象徴界が完全なものになろうとすることによる自壊の方にある。では後者について述べておこう。

この象徴界の崩壊という契機を理解するためには、ここで、象徴界と現実界とのさらなる微妙な関係を押さえておく必要がある。

ジジェクの整理によれば、象徴界と現実界は完全に分離しているわけではない。先に象徴界は現実界に脅かされていると述べたが、これは、象徴界に空いた「穴」という要素によって説明される。それはどういうものか。象徴界には、現実界へと通じる穴が空いている。これが指しているのは、象徴界は自らにおいて、絶対に象徴化できないリアルな異物を抱え込んでしまっているという事実である。象徴界は、つねにすでにこのようなものとしての現実的なものを含み込んでしまっていることによって整合化を妨げられている。こうして、象徴界の不整合の点（穴）として、現実界が存在するという証拠が間接的に示されているのである。

しかし、この異物を何から何まで象徴化しようとすると、「理論的には」、象徴界自体が崩壊してしまうのである。というのも、象徴界の整合性が保たれているとすればそれは、決して整合化、象徴化できない部分を残す限りにおいてのみだからである。まさにこのために、整合性を支える柱そのものである、整合化できないもの、を取り払えば、整合性そのものが崩れてしまうのである。

皮肉なことにまさに現在、日本の政府が一心に向かっているのは、このような象徴界の崩壊なのである。どういうことか。政府は、象徴界の穴を整合化しようと、例えば、この穴に位置する人びとを象徴秩序へと連れ戻そうとしている。フリーターを正社員に昇格させる、社会保障を手厚くする等々。しかしそれは、整合性を支えている不整合を取り払うことになり、そうすると象徴秩序の（不整合の）しわを寄せる行き先をその分なくしてしまう。その結果、象徴界を、全体的な破綻の危機にと向かわせることになる。なぜなら、（特定の場所にのみ現れていた）しわ寄せの行き場がなくなると、それまでは触れないで済まされてきたあらゆる微細なしわ＝否定性が、至る所に噴き出すだろうからである。否定性とは、なぜあいつらよりおれたちの方が給料が安いのだ、とか、なぜあいつらよりおれたちの方が残業が多いのだとか、なぜあいつらより仕事をたくさんしているのに給料が安いのだ、などといった小さな不満の数々である。

以前なら、象徴界の至る所に折り込まれていたこうした微細なしわは、より大きな（特定の）しわが穴へと寄せられることによって、相対的には小さなものとして無視されていただろう（自分の給料の少なさ、仕事のつらさなど、穴に位置づけられている人びとに比べればまだましだ、というように）。しかし、穴が閉じられ、しわ寄せの行く先がなくされると、象徴界全体の表面に、微細なしわが浮かび上がってくるだろう。こうなると、象徴界は深刻な危機に陥る（すでに第一章でも論じたが、最近、非正規社員、派遣社員のみならず、正社員自体にしわ寄せが来ていることが問題視されている）。

以上、ここで象徴界と現実界の二重の関係について整理しておこう。一方で、象徴界に空いた穴を除去してはいけない。なぜならそうしてしまうと、象徴界は自壊してしまうからだ。したがって、穴は秩序にとって必要悪のようなものとして意味づけられねばならない。象徴界に空いた穴に位置づけられるのは、派遣社員、ホームレスといった人びとだが、その穴とは、ポリス的秩序、社会的なものの整合性を維持している不整合の穴、言い換えれば、その秩序のしわ寄せをまとめて受けている箇所であり、そのような箇所は秩序にとって必要なのだ（繰り返すが、現在起きつつあるのは、これを政治権力が除去する方向であるだろう。理論的には、この先予想されるのは、微細なしわ、穴が象徴界全体へと広がり、既存の大きな穴に位置づけられていた特定の人々だけではなく、様々な種類の人々がしわや穴に位置するようになり、全体が恐慌へと向かいかねなくなるだろう）。

他方、この穴を通じて、人々が、現実界へとアクセスする方向がある。しかし、これは秩序からそこに空いた穴へと落ちてしまうことがどれほど恐ろしいかを教えられることによって、人々はそうしないよう努力する。閉じた秩序に不満を感じているとしても、穴に落ちてしまうよりはましだ、と思うようになる。しかし六八年五月では、人々は恐怖をもろともせず、穴へと殺到し、現実界へとアクセスし、秩序は麻痺するに至ったのである（以上の両者の二重の関係と民衆の政治との接点については、後でバディウの議論を参照しながらもう一度論じるだろう）。

しかし、ここで、一歩下がって問い直すなら、象徴界のしわや穴（とそこに位置する人々）という考え方そのものが、象徴界を肯定的なものとし、現実界を否定的なものと見なす一つの観点に従うものだということが分かる。

現実界への欲望

したがって、ここで確認しておきたいのは、現実界と象徴界の関係のどこに重心を置くかによって世界観が全く異なってくるということである。象徴界の秩序の安定性と、現実界の恐ろしさというこの概念の関係において、象徴界が肯定的に評価される場合、象徴界という概念は、代表制を基礎とする近代民主主義社会を擁護することに役立てられる一方で、現実界は、民衆にとってアクセス不可能な場所として遠ざけられ、そのことによって民衆の政治をよからぬものと見なすことに役立てられる。逆に、現実界が肯定的に評価される場合、象徴界は現実界を遠ざけ、飼い慣らし、そのポテンシャルを、標準化してしまうものである。つまり、民衆の政治を不能にし、人々を代表制民主主義の閉域に閉じ込めてしまうものである。

先述したようにラカンは現実界を接近が不可能なものとしたが、これは近代以降の時代、つまりここでいう近代的民主主義の時代を説明するには、理にかなったものだったと言えるかもしれない。

だが、これに対しDG（ドゥルーズ、ガタリ）らは、ラカンが現実界を理論的射程に入れることによって無意識についてのフロイトの理論の幅を広げた点でラカンを評価しながらも、やはり象徴界に対して現実界を否定的にしか論じなかったことに関しては、ラカンを批判することになる。六八年五月に触発されて書かれた『アンチ・オイディプス』では、フロイト－ラカン批判を超えて、社会的なものを破壊する、革命的な性質をもつものとしての欲望を再定義する中で、DGは必然的に、二〇世紀という時代の人間がもつ現実界への欲望（情熱）というものを考えなければならなくなったのである。

ドゥルーズについては本を書きながら、ガタリについては全く触れずにすませているバディウであるが、しかし、にもかかわらず、バディウの〈現実的なものへの情熱〉という定式は、現実界を否定的に理論化したラカンだけでなく、現実界を肯定的に捉えたDGにも多く負っているといえる。

いずれにせよ、二〇世紀を総括しようとするバディウの『世紀』の試みは、現実的なものへのアクセスを不可能なものと否定するものとしての、象徴界という虚構的秩序（これは特権階級が自らに都合がいいように整備してきた秩序）に組み込まれた人々に、現実的なものへの情熱がある、と認めさせることを中心的なテーマとし、この情熱が、二〇世紀を覆った象徴秩序に特有の閉塞性（このために二〇世紀は数々の災厄を通過せねばならなかった）を打ち破るものとして、次の世紀の開始点となることを見定めようとしている。ラカンは現実的なものを不可能なものとみなしていたが、それは可能なのだ、と。あるいはそう考えることが問題になっているのだ、と。

この〔現実的なものへの〕情熱は、ある出来事に触発されて主体を獲得した意志が世界において未聞の可能性を実現できるという確信、さらには、かかる意志が、不能な虚構からその身を引き剥がし、現実的なものにその内奥において触れるという確信である。（バディウ 2005＝2008a：183）

バディウはここで現実的なものにアクセスできる確信が人びとにはある、とはっきりと断言している。そしてこの確信は人びとが世界に未聞の可能性を実現することの確信なのだ、と。ところで、民衆の政治が現実界にあるのだとすれば、現実界へと情熱をもって何が何でも殺到すればそれでいいということなのだろうか。もちろん、それほど事は単純ではない。バディウは現実界を肯定的に捉えながらも、二〇世紀において、それへの情熱が何度か危険な罠にはまってきたことを数え上げている。

バディウによれば、二〇世紀の、現実界への情熱には二つのタイプが存在した。一つ目のタイプには大きな危険が存在し、二〇世紀はこのタイプの情熱によって災厄が少なからず起こった世紀だったのである。例えば、日本で言えば、連合赤軍によるリンチ事件である。この事件において、現実界への情熱が危険なものになってしまったのは、先述したような、大衆のシニシズムにも原因があった。では、このシニシズムはどのようにして生み出されたのか。このことをもう一度考えてみよう。

分割としての代表と、政治を汚染するシニシズム

すでに述べたように、象徴秩序での、特権階級と民衆との間の分割の隔たりを民衆が超えようと闘争しても、あるいは、象徴秩序という閉域の外へと逃走しても、こうした現実的なものの萌芽もまた、象徴化されてしまう。政治的な場面においては、表象＝代表という制度、近代的民主主義という思想が、この象徴化の定式となった。

象徴化とは、隔たりを埋めるということである。そうすると、代表制とは、政治的な取り決めが行われる場所である現実界と、住民のいる象徴界を隔てる隔たりを埋めるものとなり、住民はそのようなものとして代表制について教えられてきた。住民は、実際に、その取り決めの場所には入れてもらえないため、代表者を選び、取り決めは彼らに任せる、と。そして代表制は、この「正当性」を保証しようとしてきたのである。

しかし、実際はそうではない。代表制とは、この隔たりを、隔てたまま、隔たりはありません、という見せかけをつくるパースペクティヴなのである。したがって、代表制とはこの隔たりをなくすものではなく、隔たりを隔たりと見えないようにするための見せかけを作り出すことが目的ということになる。つまり選挙という場面で、選ばれる政治家と、選ぶ国民という対立をつくって両者を分離しつつ、代表する－されるという関係を設けることでつなぐのである

（第一章）。また、相談窓口、苦情電話、クレームといった、住民の要望の声もまた、それを受けつける役人やボランティア、団体によって代表されるシステムに取り込まれてしまう。さらに、バッシングが強まり、エリートが謝罪する謝罪会見の「スペクタクル」（ドゥボール）もまた、分離されたものをつなぐ仕組みである。あるいはより正確には、ここには、つなぐということにおいて分離するというやり方がある。ランシエールは、これを「メタ政治」と呼んだ。

もちろん、今日まで続いてきたのだから、この見せかけの戦略はある程度は成功してきたといえるかもしれないが、しかし、完全にではない。私たちは、どこかでこれが見せかけだと知っている。これに対する猜疑心がある。私たちは、私たちがアクセスできない現実界で行われる取り決めなどが、象徴化され法案としてとりまとめられ、私たちが属する象徴秩序へと組み込まれても、なぜそう決まったのか、どのようにして決まったのかと、いつでも疑うことができる。

とはいえ、ここに見られるような現実界と象徴界の隔たりがあるとしても、私たちは、この隔たりを結局は受け入れている。この受け入れは、次のことを意味している。すなわち、ここには、真実が遠ざけられ、代表制民主主義が見せかけだと知りつつ、それでもそれを信じ、あるいはそれを許している、という否認の態度がある、ということを。真実があるのにそれがなくてもいいと考える点において、これは「シニシズム」である。先述したように、このシニシズムこそ、民衆の政治を不能にする大きな原動力となるものである。

したがって、ここには、騙されている、騙されていないという二種類の人びとがいるだけでなく、嘘と知っていながら信じるという第三の人びとがいることになる。この人びとには、嘘を嘘だと証明して見せたところで、彼らの心を動かすことはできない。そしておそらく、メタ政治はこうした人びとを多く生み出すことで成功してきたのだろう。

ここで厄介なのは、この種の人びとは、政権の行う政治を信じていないだけでなく、民衆の政治をもまったく信じていないというところにこそある。民衆のどんな政治的活動、行為も、この強い猜疑心で解体されてしまう。革命集団とされたものが、隔たりをなくすものではなく、それ自体が隔たりを隔たりと見えないようにするための見せかけだと見なされ、告発される。フランスの六八年五月や日本での全共闘のような出来事にもまた、そのような部分があっただろう。バディウはこれについて『世紀』の中で次のように書いている。

「確信」「忠誠」「徳」「階級的立場」「党への服従」「革命的熱情」などといった、革命的あるいは絶対的な政治を主体において表現する諸範疇は、かかる範疇が現実に出現すると想定された点とは実は見せかけにすぎないのではないかという嫌疑で、汚染されている。［…］であればこそ、ある範疇とその指示対象との相関関係をつねに大衆の面前で粛正‐純化せねばならなくなる。［…］大切なことは、この粛正‐純化を、現実的なものは不確定だという教訓を人びとに広めることを目的とする儀式めいたものにのっとって、実践することである。

（バディウ 2005＝2008a：100–101）

現実的なものへの情熱に対する大衆の猜疑心、隔たりがなくなることへの諦め、あるいは現実的なものから隔てられているということを知っていながら、それでも民主主義社会なのだから、投票など間接的な手段を通じてそれにアクセスできると信じること、ここにシニシズムがある。二〇世紀を通じて、民衆の政治は、これらの意識、あるいは無意識によって、心的に汚染されてきたといえるだろう。

能動的ニヒリズムあるいは虚無的テロリズム

先のメタ政治において行われた置き換えの場合、現実的なもの（民衆の政治）が、象徴化された現実（仮象、選挙制度など）に置き換えられるということがあった。このメタ政治で活躍する見せかけは、大衆をシニカルにし、政治不信、政治への無関心、無気力へと促すと述べた。

しかし今度は、民衆の政治的活動にも、見せかけが大衆によって発見される場合がある。この時、この政治的主体集団は、大衆的なシニシズムの猜疑心による汚染を恐れ、自らの政治性に嘘が混じっていないか、いかに正しいかを証明しなければならなくなる。そしてこれ自体が政治になっていく。言い換えれば、現実的なものへの情熱から嘘だと見えかねないものを取り払い、この情熱をどんどん純化していかねばならなくなるのだが、これ自体が政治になっていく。

バディウによれば、現実的なものへと接近していくほど、自分自身が正しいことをしているかどうか判断不能になってくる。真実が含まれている現実的なもの（革命）へのアクセスだと信じているその道が、現実的なものではなく、凡庸な現実（ただの騒ぎ、ただのナルシズム、犯罪行為）のようなものに見え始めるとき、あるいは、政治主体集団自身が、自らの活動を〈現実的なもの〉なのか、凡庸な現実なのか区別がつかなくなる場合、現実的なものの狂ったような純化のプロセスが作動してしまい、その政治集団内にある種の恐慌が起きてしまう。

バディウは、この純化の先にあるのは、破壊、死のみであると述べている。こうして、現実的なものへの情熱の二つある道の一つである現実的なものの〈純化〉は破壊の道を歩んできたのである。フランス革命がなぜ恐怖政治になったのかということ、ロシア革命がなぜスターリン主義に陥ったのかということ、日本でいえば新左翼運動がなぜ内ゲバに向かい、また連合赤軍がなぜ仲間をリンチによって殺害しなければならなかったのかという疑問の数々がある。

ここでわれわれにとって重要なことは、人は、いったん現実的なものを「現実という」仮象から区別することを可能にする形式的基準のまったき不在に陥ると、嫌疑のただ中に墜落するということである。このような絆が不在である場合において抜き身となる論理は、主体的

> 確信がみずからを現実的なものとして呈示するほど、なおいっそうこの確信は疑われねばならない、というものだ。したがって、自由への燃え上がるような希求が自らを絶え間なく表明する、そうした革命状況が頂点に達するまさにその瞬間、非常に多くの裏切り者が発見されねばならないのである。裏切り者、それは指導者であり、究極的には、自分自身なのだ。こうした状況下で確実なただ一つのことは何か。それは虚無である。虚無だけが嫌疑を免れる。〔…〕嫌疑を免れる唯一のもの、それは「佳く死ぬ」ことである。〔…〕このことから、現実的なものへの情熱にかき立てられたわれわれの世紀は、あらゆる類のやり方で、しかも政治に限られることなく、破壊の世紀だったという結論が、導き出される。（バディウ 2005＝2008a：103）（強調引用者）

これを、日本の連合赤軍のリンチ殺人という陰惨な帰結についての説明として読むことは以下の点において十分可能である。革命を達成できるという強い確信をもって、現実的なものへと近づくほど、しかしその確信に微細なひびが目立ちはじめ、輪郭がぼやけ、疑わしいものになってくるという逆説がある。この逆説が突き詰められると、仲間が裏切り者に見えてくる（「おまえは革命を本気で考えていない」「おまえは「自己批判」が足りない…」）。そして最終的には自分自身ですら裏切り者になってしまう（「自分はきちんと過去の汚点を「総括」できずにいる」「仲間を死に至らしめてしまったが、しかし自分自身もどうやって「総括」すればいいか分からない…」）。

これを解決するには、無にしてしまう、あるいは無になる、こと、つまり死しかなくなってしまうのである。(2) バディウはこれを〈能動的なニヒリズム〉としての〈虚無的テロリズム〉と呼んでいる。

先述したように、(日常的)現実という象徴的虚構は、耐えがたい真実の場所である現実界の侵入から、私たちを保護してくれている。しかし民衆の政治は現実界の側にある。したがって、現実界へとアクセスするためには、(日常的)現実を破壊しなければならない。この場合、「現実こそ、現実的なものを純粋表層として露出させる営為にとっての障碍である」(バディウ 2005＝2008a：122)。しかし、現実を破壊することのみが目的化してしまうと、純化のプロセスは、現実的なものそれ自体をも消し去ろうとし始める。そうなると、もはやそこには虚無しかなくなるのだ。

現実のまったき不在としての現実的なものは、純化の極限では、虚無である。世紀を通じて政治的、芸術的、科学的な無数の企てが模倣したこの道を虚無的なテロリズムの道と呼ぼう。(バディウ 2005＝2008a：122)

ここで、公共的な事柄についての取り決めを民衆が行うという場面を想定し、この取り決めを現実的なものと考えてみよう。代表制民主主義では、通常、この取り決めは、委員会や議会

（2）若松孝二監督の映画『実録・連合赤軍』（二〇〇七年　日本）は、一二人のメンバーがこの「自己批判」「総括」と称するリンチによって殺害されるシーンを、三時間一〇分ある映画の中のほぼ一時間にわたって執拗に描き出している。若松以前にも、あさま山荘事件を取り上げた映画はあった。しかしそれらは、四方田犬彦によれば「正面から事実を直視することなく、権力の側の証言だけをもとに「国民の敵」を退治するアクション映画であったり、惨劇に仏教的救済を与えるメタ映画であったり、またキッチュ趣味のスプラッター映画」（四方田 2009：20）でしかなかった。これに対し若松は、徹底して当事者の目線から出来事を描き出す映画を撮った。なぜいまこの事件を撮る必要があったのかということについて、若松は次のように述べている。

「今になって、ということではないんです。このテーマについては、誰かが、いずれきちんと映画にしてくれるといいな、と思ってずっと待っていました。あれが理由で日本の新左翼運動は失速したとか、あのせいで学生運動はみんな潰れた、と言われているけれど、では、あそこまで至ってしまったのはなぜかを、きちんと検証しなくちゃ、それこそ、闘って死んでいった彼らは浮かばれないと思っていましたからね。でも、一番のきっかけは、『突入せよ！あさま山荘事件』［右に引用した四方田の文章中の「アクション映画」を指す］という映画を見たことじゃないでしょうか。あれは、山荘内部の若者のことを何も描いていない。彼らは何者で、なぜあそこに立てこもって銃撃戦を繰り広げたのか、見た人は何もわからない。表現をする者は、権力側から描いたらダメですよ。だから、よっしゃ、誰もやらないのなら、俺がやるって思ってね。［…］彼らを今、誰が責めることができるのかってこと。彼らが背負った凄惨さは何かってことだと思っているんです」（若松 2009：18–19）

若松がこの映画で成し遂げたのは、過激な政治的活動が、現実的なものから現実をはぎ取ることによって、現実的なものを純化しすぎると、そのあと何が起きるかということ、つまり、現実的なものへの情熱が虚無へと墜落する危険（「虚無的テロリズム」）を持っているということを示してみせたことだろう。このことは、今後、民衆の政治活動が過激化した場合の教訓になる。実際、先にも触れておいたように、フランスの六八年五月革命が、連合赤軍がもたらしたような結末をもたなかったのは、一つは、学生たち、少なくとも特に「三月二二日運動」の中心メンバーたちなど幾多のプロセスを経て、確定される。このプロセスが象徴化のプロセスである。当然、多くの人びとの命運を左右するものだけに、確実なものにしなければならない。象徴化というのは、象徴界に組み入れるその取り決められたことに、疑わしい要素を感受できないようにするプロセスのことである。

民衆の政治は、こうしたプロセスを寡頭的として拒否し、現実的なもの（つまりここでは象徴化される前のなまの取り決め）へとアクセスすることを試みるものである（先に引用したバディウの言い方を使えばこれは「現実的なものを純粋表層として露出させる営為」となる）。この実験が、六八年五月では行われたのである。すなわち、民衆一人ひとりが、公的事柄についての取り決めに参加するということが。例えば、街頭での様々な世代、職種を横断する議論、工場の自主管理、直接民主主義の実験、言葉の爆発等々。

つまり、人びとの支持を得るための、代表制のような象徴化とは別の仕方が創出されなければならない。したがって、現実的なものへのアクセスは、象徴界で採られているすべての象徴化のプロセスをまず破壊しなければならなくなる。現実的なものには現実という仮象がこびりついている限りにおいて。民衆の政治は、まず現実的なものにこびりつくこれらの虚構的現実（選挙制度など）をはぎ取り、現実的なものを純化する道を採る。しかし、この純化が、すべてのものの完全な不在に至るとき、そこには現実的なものすらなくなり、虚無しかなくなる。こうして、連合赤軍などは、虚無＝死に行き着くことになった。

バディウによれば、ここで重要なのは、日常的現実の破壊と同時に、現実的なもの（公的事柄の取り決め）を人びとから支持されるものにするための〈最小限の差異〉（〈現実〉、象徴的虚構とは異なるものとしての）を見いだすことである。現実的なものへの情熱において、バディウが提案する道はこの道である。これについては後で述べよう。

受動的あるいは反動的ニヒリズム

しかし、虚無的テロリズムは、少なくとも先進国では七〇年代後半には衰退し、それ以降廃れてしまう。その理由は、現実的なものへの情熱が、現実の破壊的暴力と同一視されてしまい、能動的ニヒリズムと同一視されてしまったからである。また、民衆の政治運動は、能動的なニヒリズムの（ドゥボールのいう）暴力的「スペクタクル」（ヘルメットとゲバ棒をもって機動隊と衝突する映像、あさま山荘事件の映像など）に固着させられてしまったのである。これによって、現実界へのアクセスそれ自体が、タブーのようなものになってしまったということがある（第三章）。

が、ロシア革命の結末を知っていたからである（しかし、では、なぜ日本の学生たちはそれを当時知り得なかったのだろうか）。

こうして、虚構的な象徴秩序、つまり日常的〈現実〉のことしか考えない思考ばかりになってしまうことになる。飽くことなく繰り返される政策論議、社会問題、貧困問題、医療問題、老人介護問題、年金問題等々。日常的現実に対応するだけで手一杯だとでもいうかのように。バディウによれば、これはこれで能動的なニヒリズムとは別のニヒリズムを生み出してしまう。

> 理性的活動は、現実の圧し拉ぐような重圧によって悉く制限され、限定を受け、視野狭窄に陥っている。為し得る最善の策と言えば、悪の回避であり、そのためのもっとも安易な手段が、現実的なものとのあらゆる接触の回避である。そしてその挙げ句に見出されたものが、虚無、現実―の／という―虚無であり、この意味でわれわれはニヒリズムに絶えることなく陥っている。（バディウ 2005＝2008a：123）（強調引用者）

現実的なもののテロリズム的要素だけに光が当てられ、現実的なものへのアクセスそのものが悪とされることによって、トラブルや迷惑をもたらすものとしてこれに触れないことが推奨される。こうして、現実的なものなど考えなくてもいい、日常的現実だけを考えていればいいのだ、という態度が推奨されるのだが、これもまたニヒリズムなのである。バディウはこのニヒリズムを先の能動的ニヒリズムと区別して、受動的、反動的ニヒリズムと呼ぶ（真実を「自粛」し、日常のどうでもいいことしか報道しなくなった今日の大方のマスメディアのあり方もまた、こうした二〇世紀の歴史的状況に遠く左右されたものだと考えることができる）。

だが、テロリズム的要素――現実的なものを純化する欲望――が剪除されたことによって、ニヒリズムはその活気を喪ってしまった。それは受動的あるいは反動的なニヒリズム、すなわち、あらゆる思考に対してと同様、あらゆる活動に対してもまた、敵意を剝き出しにするニヒリズムと化したのだ。（バディウ 2005＝2008a：123）

能動的ニヒリズムの場合、「日常的現実など破壊し尽くせ、現実的なものへのアクセスのことだけを考えればいいのだ」ということだった。しかし、この現実の破壊があまりにも陰惨な印象を人びとに与えてしまったため、タブーのようなものとなり、今度は全く逆のものへと振り子が振れ（反動化し）、「現実的なものとのあらゆる接触の拒否」という態度が生み出されてしまったのである。この結果、政治的活動は、デモのような平和的で、合法的な活動であっても、敵意をもたれ、憎しみをもって嫌悪されるような状況になった。

しかし、この現実的なものに対する拒否、あるいはもっとはっきり言えば、〈現実的なものへの嫌悪〉は、近年の日本において、現実的なものをめぐって起きる人びとのいがみ合いという形で一般化しているように思われる。

例えば、二〇〇四年に起きた、イラク邦人人質事件にもそれははっきりと現れていた。ボランティアの邦人三人が、イラクの武装グループ（三人の解放と引き換えに日本政府に自衛隊撤退を要求した）に捕らえられたのだが、日本政府の交渉によって釈放され、日本に無事帰国したとき、マスメディアからインターネット上での一般人による書き込みまで巻き込んだ痛烈なバッシングに遭った。このバッシングの発端をつくったのは、自衛隊派遣に関する批判を受けないように、問題のすり替えとして、「自己責任」（ボランティアとはいえ、危険地域に入り込んだのが悪いのだから人質に捕らえられたのは自業自得）という論理を打ち出した政府だったのだが、この論理に、多くの日本人たちが便乗し、バッシングに興じた。

これに関しては、様々なことが語られたが、これは要するに、政府が現実的なものへの人びとの嫌悪を利用したというように理解できるだろう。邦人三人による戦禍で荒廃するイラクでの子供たちを救済するボランティア活動、イラクの惨い状況を日本に伝えるための調査活動といった、現実的なものへの隣人（同じ日本人）の接近そのものが、遠く離れた日本国民にどうしようもなく嫌悪感をかき立てたのである。

あるいは、近年の日本で起きている、年金や補助金、政治資金などの不正流用や横領、あるいは耐震強度偽装、食品偽装、インサイダー取引等々があるたびに、バッシングが起き、謝罪が求められるが、これらの事件の度に現れるバッシングという憎悪の発露の諸々は、〈現実的なものへの嫌悪〉という定式を表現するヴァリエーションであるように思われる。

一般市民にはアクセスできない、現実界での特権的なポジションにある人間が、その人間にしかできない、（一般市民からすると）〈享楽〉を伴うようにみえるふるまい（流用、横領、偽装、インサイダー取引など）をし、それが伝えられたとき、一般市民にどうしようもなく嫌悪感がかき立てられ、爆発するのである。

ここで重要なことを確認しておこう。現実的なものがきれいに洗浄されてしまったポリス的秩序では、現実的なものに対して極端に過敏で反動的な、敵意をむきだしにするニヒリズムがまん延しているが、まさにこれこそが今日、人が政治的情動をもち政治的主体化を遂げること（現実的なものへの情熱）を、きわめて強力に抑圧している。そしてそれと同時に、ポリス的秩序それ自体を自壊へと追い詰めている。いずれにしても、ポリス的秩序が不安定で脆弱なものになっていることには変わりないのである。

今後、破壊の世紀を反復してしまうのか、それとも回避できるのかということは、以上のような二つのニヒリズム（能動的、受動的）への道とは別の、現実的なものに対する対処の道を示すことができるかどうかにかかっている。もはやかつてのように、現実的なものに対して、直截的に接近するだけでもダメだし、それを徹底的に除去するだけでもダメなのである。これこそ今日の思想、哲学が課された根本問題の一つであるだろう。ではその困難な問題に取り組むためのどのような道がありうるのだろうか。

バディウは、この、現実的なものへの情熱がとるもう一つの道として、〈減算〉と呼ばれるものを提起している。ではそれはどのようなものか。

これを、これまでの議論を簡単に整理した上で述べると次のようになる。象徴界での象徴化された取り決めは、その分安定している。多くの人びとによる見せかけ的な合意によって確固としたものにされている。しかしこれは現実的なものを抑圧（あるいは否認、あるいは排除）している分、真実を欠いている。このような状況下で、〈現実的なものへの情熱〉が生まれた。この情熱は、現実的なものから虚構的現実をはぎ取り、現実的なものを純化するという道を辿ることになる。しかし、これは〈虚無的テロリズム〉へと転落し、陰惨な事件へと帰結した。この帰結に対し、次に生まれてきたのが、現実的なものへの接触を断つという〈受動的ニヒリズム〉である。これは現実的なものをめぐって人びとがいがみ合うという状況をもたらした。これらいずれの行き詰まりをも回避する道として、バディウは、減算の道を提起する。すなわち、現実的なものから現実をはぎ取るのだが、それは、現実的なものを完全に純化するためではなく、現実的なものを支えるための最小限の差異を残すためである。

その見せかけ上の統一性から現実を引き去ることによって、そこに取るに足りないほどに微少な差異を探り当てるために。（バディウ 2005＝2008a：123）

この場合、最小限の差異は、統治のための手段となる単位である、「国家」や「社会的なもの」、選挙制度、「コミュニティー」、派閥、流派といった、現実的なものを象徴秩序へと取り込もうとする契機をいっさい含まないものであり、したがって、この取り込みの反対側にある。すなわち、それは、象徴界という安定した地盤に支えられることなく、現実界の無底の中空で、きわめて不安定な状態で主体集団（民衆あるいはクラウド）を維持する、最小限の地面、領土ということになる。また、この最小限の差異は、既存の集団性の単位（組織や団体、制度なども含めた）やイデオロギーのすべてを拒否する来《きた》るべき何かであるだろう（後でも述べるが、このような最小限の差異として、すでに友愛を論じておいた）。

弁証法的否定と減算

二〇〇八年の金融危機以降、解決策としてのオルタナティヴや「別の世界」などが、以前よりもいっそう求められるようになっているが、バディウの減算的思考はこうした弁証法的思考そのものを拒否した先にある場所を目指している。

バディウは思考の方向転換が重要なのだと述べている。その方向転換の契機を、ランシエールのいう共同体を計測する計算（間違い）の論理にも見いだすことができる（第一章）。住民＝共同体では、計算の結果余りが出てくる。この余りに位置づけられるのが、派遣社員や介護を必要とする高齢者、シングルマザーのような人々である。しかしランシエールは、この計算自体が間違いなのだと指摘した。これに対し、社会民主主義的な立場の人々は、社会保障や他の関連する政策を見直しして、余りにあたる人々を、計算で割り切れる存在にまで、いわば昇格させることを主張している。しかしこれは、計算を認め、それに従属することにしかならない。計算を否定しなければならないはずが、社会民主主義はこれを否定せず、むしろ強化することに貢献している。

ではこのネオリベラリズム的な計算法（思考法）を、どのように否定することができるだろうか。ランシエールは、これを、「分をわきまえろ」といってくるポリス的秩序に抗して、分け前を配分する計算法を拒否し、共同体のゆがみを担うエージェンシーとしての民衆という数えられない集団性が、支配の関係を中断すべく、己の存在を露わにするという存在論を対置した。つまり、オルタナティヴとしての新たな政治制度を提起するのではなく、そうした集団性の形態を経由しない思考法として民衆の存在論を提起した。

繰り返すが、現在、一般的には、オルタナティヴとなるような新たな形態が求められている。しかしバディウは、これは弁証法的に否定するだけでしかなく、これではダメなのだと主張している。何がどうダメなのだろうか。それについて考えてみよう。

弁証法的否定が前提としているのは〈構成的〉秩序である。例えば、資本主義、社会主義など制度化された秩序、あるいは左翼、右翼などの整合化された立場である。バディウは、二〇世紀においては、思考は〈構成〉のこの種の対立に目を奪われてきたと述べている。資本主義か社会主義か、秩序か無秩序か、左翼か右翼か、というように。しかし重要なのは〈構成〉ではない。

要するに重要なことは、よりよい構成形態を見つけることではなく、構成という思考方向から脱出することだったのです。（バディウ 2005＝2008a：76）

ある構成形態を否定して、別の構成形態を肯定する、あるいは、ある構成形態と別のもう一つの構成形態を「止揚」した第三の構成形態を導き出す、というような弁証法的思考ではもうダメなのであって、このことは歴史が経験してきたことを見れば分かる、と。

現在多くの思考が陥っているのも、まさしくこうした弁証法的否定なのである。二〇〇八年以降続いている金融危機をめぐって、資本主義はもうダメだというような主張が述べられているが、これに対し今後の方向として、つまりネオリベラリズム的資本主義に変わるオルタナティヴ（これ自体が弁証法的だ）として、一方では、ケインズ主義の復活やオバマ米大統領の

「グリーン・ニューディール政策」について語られ、他方では、コミュニズムやアナーキズムが語られている。しかし、ネオリベラリズムに対するこのような弁証法的否定ではダメなのである。すでに、弁証法がダメだということは、サッチャーの路線の後の、トニー・ブレア（首相　在任一九九七―二〇〇七）＋アンソニー・ギデンズ（一九三八―　イギリスの社会学者）の「第三の道」でも明らかになっていたはずである。これも、弁証法的否定を経た止揚的なものだったが、酒井隆史や渋谷望が論じたように、これはネオリベラリズムをより洗練されたものへとヴァージョンアップしたにすぎなかったのである。

こうしたヘーゲル的弁証法的思考に取って代わるものとして、バディウは減算的思考を対置する。

構成的方向から身を退けたければ、弁証法的な意味での否定であってはいけません。弁証法的な否定では構成の彼方に行ける希望はない。弁証法的否定については歴史の経験がありま す。弁証法的否定は、構成の彼方の構成を提案することはできますが、方向づけからまさに身を退けることができない。つまり減算的なものとは［…］それは一つの方向から身を退けるあの可能性（もちろんそれは方向を変えるための条件です）を私が名づけるときに用いた言葉です。何よりもまず計算からみずからを引き算しなければならない。そしてこの減算（＝計算からみずからを差し引くこと）と否定との違いはきわめて重大な違いです。私は、あの時代

〔六八年〕以来、現代思想の根本問題は代わっていないと思います。〔…〕根本問題の一つ、それは否定の問いなのです。〔…〕そして同時に、それは否定性が一切あってはならないということではなく、新しい否定を発明しなくてはならないということです。（バディウ 2005=2008a : 77）

バディウによれば、構成的形態として何があるかを呈示することよりも、思考が陥っている現在の罠から抜け出すことが重要なのである。そして抜け出すには、ヘーゲル弁証法的否定ではなく、減算的思考が有効なのであり、この思考が前進するために手がかりとなるのが、最小限の差異なのである。(3)

（3） この思考の方向転換の契機は、きわめて重要であるように思われる。このヘーゲル弁証法的思考から減算的思考への方向転換を導いたのは、減算と呼ばれる奇妙な用語で分かりにくくなっているが、ハイデガーであることは間違いないだろう。哲学史において、ヘーゲルからハイデガーへと思考の転換が起きたことは、重大な事件だった。この転換を非常にコンパクトに示している文章として、フランスのヘーゲル研究者である、ジャン・イポリット（一九〇七―一九六八）のものを参照しておきたい。

「［ハイデガーにおいては］形而上学の展開は、［ヘーゲル的な］高揚あるいは漸進的超越である止揚 Aufhebung よりは、むしろその由ってきたるものあるいは原初の問題性の隠蔽に、多くを負っているのである。それゆえ、ハイデガーの方法は、［ヘーゲル的な］超越や止揚ではなく、むしろ後方への歩み、還帰的歩み Tritt zurück となる。形

最小限の差異

本書でも、最初から、政治的主体の根拠、動機、原因とは何かということを、様々な要素と区別しながら、後方へと後ずさりしつつ探ってきた。その中で、必然的に、最小限のものを抽出することへと向かったのだが、その最小限の差異の形式として、さしあたり政治的情動という概念に立脚しながら議論を進めてきた。そこで問題となったのは、情動が、不安定で流動的であるがゆえに、安定した偽の統一性、連続性へと吸い取られやすい、つまりオイディプス化されやすい、ということだった（第二章）。情動のこの不安定性を利用するのが、政治権力である。一点に集めさせることを妨げ、孤立させ、ひどい場合には、互いに敵対させる。そして、学問の中には、結果的にとはいえ、この権力に仕えてしまっているものがある（第一章、第三章）。だから、思考の強度を取り戻し、こうした誘惑に屈さない明晰さをもつことが重要になってくる。政治的情動は、何とか主義やイデオロギー、理念よりもはるかに小さな差異だということなのだが、しかし、不安定で権力に取り込まれてしまうのは、まだそれが不純物の混じった差異だからにほかならない。

また他方で、何人かの思想家に依拠しつつ、すでに減算的なやり方で、最小限の差異を見つけ出そうしてきた。六〇、七〇年代の政治運動では、代表制などの大きな象徴的虚構の破壊が行われ、他方で、現実界の中で依って立つことのできるより小さな差異の探求、実験が行われていた。学生行動委員会、各種運動体、グループ、組織等々。

しかし、カストリアディスは、この差異に含まれる組織性が、政治的情動の伝播を妨害していると指摘した。また、ブランショは、組織などの有形的なものの下で蠢く、無形的な情動の伝播の在り方として、友愛という語を見いだしていた（第五章）。つまり、国家、社会的なもの、あるいは党や組織といった集団性の形態より小さな差異として友愛という概念が見いだされた。

最小限の差異、純化された差異というものが提起する問題は、結局のところ、公的事柄の取り決めに、人びとが共に賛同する根拠をどこに見いだすかということになる。これは多数決で

而上学が、その旅路の果てに見出したのは、まさにその由ってきたるもの（その起源ではない）、存在と存在者の間の差異としての差異であった。この差異は、かつて差異そのものとして思索されたことがなく、常に存在神学の偽装を借りてきたのであるが、このような差異を思索することは、形而上学の超克となるだろう［…］そしておそらくは、この差異とそれが必然的にもたらすはずの有限性を忘却してしまった形而上学を超克しようという欲求こそ、ハイデガーの中心課題なのである。」（イポリット 1960＝1979：101）（強調引用者）

なぜ、バディウが最小限の〈差異〉という語を用いているかも、この文章は説明してくれている。ヘーゲルのように、「対立」や「矛盾」を上方へと向けて乗り越えていくのではなく、偽装のもとに隠され、忘却され、それとして思考されたことのない〈差異〉へと後方へ後ずさりしながら近づいていくという思考法は、ハイデガーによって創始されたものである。

も、代表制でも、政党でも、社会でもない。これらのような制度的なものではなく、形のない、最小限の差異として、友愛という最小限の根拠、関係性が見いだされたのである。

差異が最小限というのは、友愛がどんな目的、動機づけによっても根拠づけられておらず、制度、大文字の理念（国家、国民、（地域）社会等）によっても保証されていないという意味でむき出しの人々を、しかも、ほとんど言語化できないような理由によって、一つの場所へと集めさせるということである。つまり当人たちもなぜ自分たちがそこに集まったかはっきり理由が分からないぐらい微細な差異しかない、ということである。

現実的なものとしての友愛か、それとも代表された「国民のみなさま」か

友愛とは、人びとの見返りを期待しない無償の支え合いだが、しかし、社会的なもの、国家、法、制度、組織など、象徴的なものによって支えられることなく存続してしまえているという点において、友愛は、象徴秩序にとっては脅威となる〈現実的なもの〉なのである（「友愛と言えば、これは単純に現実的なものそのものであり、経験の新しさを主体において唯一無二のものとして証すものであった」（バディウ 2005＝2008a：188））。そして、友愛の持っている唯一無二の「新しさ」は、国家や社会的なもの、制度、組織などの古いもののいくつもの層の下に埋もれてしまっている。

しかし、まさにそれゆえに、現実的なものとしての友愛はそれだけでは耐え難いことも強調しておかねばならない。古いもののいくつもの層（象徴的虚構）がはぎ取られて、むき出しにされた友愛に投げ込まれるとき、人びとは、どんな古い集団性の虚構にも頼ることができないまま互いに絆を新たに築かなければならないのだから。

しかし重要なのは、友愛が無秩序、（自己目的化した）アナーキー、虚無ではない、ということである。それはどれほど微少であれ〈差異〉に支えられている。そしてこれこそが、〈現実的なもの〉にこびりついた〈現実〉（象徴的虚構）をそこからはぎ取った後に、現実的なものを耐えうるものにしてくれるものであり、これを足場とすることによってのみ、現実的なものと遭遇することが可能になるのである。もしこの足場なしにそれに遭遇すれば、〈虚無〉へと墜落するほかないのだ（先述したように、日本の場合では、連合赤軍が虚無へと墜落した。したがって、本書は一貫して民衆への政治的主体化を称揚してきたが、しかしそこには大きな危険が潜んでいることを強調しておかねばならない。私たちはその教訓を〈現実的なものへの情熱〉に憑かれた二〇世紀からすでに手渡されている。政治的主体化が、現実を何もかも破壊し、足場となる差異なしに、現実的なものと直接的に遭遇しようとして虚無へと墜落してしまう危険を私たちはすでに知っているのである）。

現実を純化すること、それをその表層において無化するためにではなく、その仮象上の統一性から現実を引き去ることによって、そこに取るに足りないほどに微少な差異を探り当てるために。現実の統一性を構成する消滅しながらも有る項を探り出すために。

生起は、それが生起する場からほんの僅かだけ隔たっているにすぎない。この「ほんの僅か」においてこそ、まったきを得た情動触発がある。(バディウ 2005＝2008a：123)

日常的現実の仮象がはぎ取られた後に最小限の差異が見いだされ、そこに現実的なものとの遭遇が起きる時、出来事が生起するのである(このようなバディウの考え方は、ドゥルーズのいう〈出来事〉以上に、ハイデガーのいう〈性起〉の考え方に触発されているように思われる)。

しかしもちろん、このような出来事、例えば五月のような出来事が起きると都合が悪いのは、政治権力である。五月では、デモやストライキ、集会、学生たちによる大学の占拠、労働者たちによる工場などの自主管理、街路での討論などがそれぞれの場所に生起したが、バディウは二〇世紀を通して、友愛が出来事として生起したケースとして、デモを特権的に考えている。

この世紀は示威行動の世紀だったと主張することができるのではないか。「デモ」とは何か？　それは公共空間(街頭、広場)を用いてみずからの力をスペクタクルの一部として顕示する集団的な身体に与えられた名称である。デモは集団的主体、身体を与えられた〈我ら

－主体〉である。デモは目で見ることのできる友愛である。諸身体の運動しつつある唯一の物質的形態への結集が担う名称を、次のように言うことができる。すなわち、「我ら」はここにいる。そして「奴ら」（権力者、「我ら」の一員ではない他の人びと）は、我らという存在を怖れ、敬意を払わねばならなくなっている、と。（バディウ 2005＝2008a：196）

侮蔑されていた民衆が街路に集まり、「我ら」を名乗って政治権力に対し威圧を加える。しかし、すでに繰り返し論じてきたように、この主体集団は様々なやり方で妨害される。例えば、社会的なものの中で、文化的シミュラークルのお祭り騒ぎ（イベント）の楽しさによって置き換えられてしまう。

今日模範的とされる祝祭は、誰もが合意し、誰にとっても安全な、あらゆる政治的心配事からわれわれの目を背けさせてくれる、何ごとかである。（バディウ 2005＝2008a：197）

さらには、この現実的なものである訴え、「われらはここにいる」は、代表された惰性的な集合に連れ戻される。そもそも、友愛の集団とは、その場にいながら、まさに何によっても保護されておらず、どんな受け皿にも救われることのないむき出しの集団であるため、友愛の情動とは、そのような状況で困っている人がいれば、その隣にいる者が助けなければ誰にも助けてもらえないという危機感から生じてくる情動でもあるだろう。したがって、分業社会のように、誰が誰を助けるというような役割なども決められてない。すべてが偶発的に推移する、非常に不安定な状態にある集団性を指している。

これに対し、代表された国民（大衆、視聴者、消費者、住民、とりわけ政治家のいう「国民のみなさま」等々）、すなわち、現実的なものから保護された象徴秩序の住人たちは、バディウの言い方で言えば、「われら－主体」ではない。「それは偶発や出来事に起源をもたない。それは惰性態にある集団である。［…］それを私は、従属を伴う主体化を担う受動的な身体と名づけることにしよう。」（バディウ 2005＝2008a：191）

惰性態にある巨大で、睥睨する集合（即自的階級、人種、国民…）、またしたがって「客観的」と見なされている集合への保証なき訴えは、そのいわゆる代理的に表象された正統性という迂回路を経て、従属を伴う主体化に介入するにせよ、そこで代理的に表象されるのは惰性的な無気力だけである。（バディウ 2005＝2008a：199）

政治権力はなぜ代表制を必要とするのか、理由は明白である。代表されることによって、人びとが脱主体的な無気力に置かれるからである。これに対し、友愛は、代表されることを拒否する能動的な契機であり、象徴秩序による保護を拒否する、現実的なものである。

もちろん、友愛はその分不安定で非連続的なのだが、しかしこれは現実的なものの本性なのである。したがって、これを安定させ、連続させようとするあらゆる企てに対し、哲学は根本的なところでは反対の立場をとる（友愛の非連続性については第五章で引用したブランショの文章で確認しておいた）。代表制とは、連続するものだけを認めようとする制度であり、代表制が、あるいは制度というものがそもそも、非連続を連続に変えようとする試みなのである。

哲学的に言えば、問題の根本は現実的なものが非連続だということである。私の言い方をもって言えば、有るのは真理の多数の手続き、多数の想像的な要素の連続だが、その間に連続性を配置するものは何もない（その間には無だけがある）、と表現することができる。友愛それ自体も非連続的な情熱である。真に有るのは友愛という諸々の瞬間だけである。代理的表象による正当化という仕来りは、非連続を連続に変えようと試み、異質な要素からなる要素の連続に「プロレタリアの偉大な指導者」や「芸術的近代の偉大な創始者」といった唯一無二の名称を、あるいはむしろ実は虚構の客観性から引っ張り出してきた名称を、与えようと試みるのである。（バディウ 2005＝2008a：200）

私たちは、こうして、象徴秩序において、友愛なき絆に投げ込まれることになる。この絆、連続性、虚構の客観性を正当化してくれるのは、代表＝表象である。あるいは「大文字の他者」に吊り下げられた象徴秩序（国家、警察、社会、家庭等々）である。この正当性のもとで、私たちはお互いに絆でつながっていると想定しながら生きていくことになる。あるいは絆でつながっているかどうかの不安を孤独感として感じたりする。しかし、社会的な孤独感とは、「無」が象徴秩序の閉域内へと翻訳し直されることによって生じた一つの錯覚にすぎない。つまりそれは、現実的で非連続であるはずのものが象徴化されることによってもたらされた連続性についての錯覚、あるいは、代表＝表象的な集団に属することから生まれてくる反省的、再帰的意識による錯覚にすぎない。要するに、現実的なものに耐えられない心が作動させる防衛機制の一効果にすぎない。

　代表＝表象のシステムは、何によっても保証されていないなまの友愛の関係を代理し、安定化、制度化することによって、それを不要なものにしてしまう。こうして現実的なものとしての友愛は、生きられなくなり、人は友愛を生きるのではなく、代表＝表象されたものとしての国家、社会、家庭に、帰属し、想定された絆を、追体験しようとすることになる。ある審級に保証されたこのような想定された絆が規範となり、人は、友愛を積極的に生きようとすることがなくなる。こうして自由が失われていくのである。

最後に

しかし、友愛さえあればいいということではない。というのも先述したように、友愛もまた、現実的なものである以上、二〇世紀において嫌悪され、ニヒリズムに汚染されることになったからである。バディウは、サン＝ジョン・ペルスとパウル・ツェランの詩の比較を通じて、この先へと向かおうとしている。ごく簡単に参照しておこう。

二〇世紀の友愛に叙事詩的次元があることが見いだされつつ、しかし、この叙事詩的友愛には猜疑心が伴われていたことも私たちは知っている。これに対し、バディウはツェランの歩んだ道を辿りながら、叙事詩的な友愛で結ばれ、高揚する「我ら」というものがあると（猜疑心を抑えつつ）信じることから、（叙事詩的な友愛とは決別しながら）他者性を含みこんだ友愛というものをいかに考え出すかという問いへと移行する。互いの他者性を肯定しつつ、いかにして「一緒に／共に」在る「我ら」は可能か、と。

しかし、ここで問いは終わっている。ここまで問いが推し進められ、否定が重ねられたが、しかし最小限の差異の発見は、なおも続けられなければならない。なぜなら、まだ不純物が残っているからであり、それゆえに、友愛も猜疑心を晴らせずにいるからである。多くの慎重さが求められる。すべてを純化してしまうと、現実的なものの中で虚無に墜落してしまうからだ。しかし、何を除去すれば、否定すればいいのか。さらなる微細な差異とは何か……。思考は息も絶え絶えになりながらさらに遠くまで推し進められることを求められている。

先に引用したように、バディウは、六〇年代から、哲学の根本問題は変わっていないと語っている。新たな否定を生み出すことだ、と。このことは、二〇世紀を否定の炎で焼き尽くし、そこに差異を浮かび上がらせるために行われる。そして、この焼き尽くしとその後に残る微細な差異の発見は、次の世紀に進む足がかりとなると同時に、二〇世紀を終わらせ、そこから立ち去るための跳躍のバネとなるものなのである。

もちろん、前方に何かはっきりとそれだと分かるような目標（オルタナティヴ）が見えることなどありえない。あるとすれば現実性を欠いた可能的なものとしてのユートピア的表象だが、人びとは先に何も見えない状態の居心地悪さに耐えられないあまり、可能的なものについすがってしまう。思考する者は、逆に、現実性をもっているが顕在的ではない潜在性を信じる。しかし、この潜在性の地下鉱脈を人間がコントロールすることなどできない。その意味では哲学は無力である。とはいえ、何が偽物であり、どこに本物があるかを探し当てる力は持っており、その本物がやってくる場所で待っていることはできる。その後に残っているのは、その場所でリスクの高い実験を試みることだが、慎重に危険を避けつつ、それを行うのは、国や社会ではなく、私たち一人ひとりのはずである。

補遺　公共サービス空間とその自由のなさ

公共サービス空間

大勢の人びとが共に暮らすには、何らかの秩序が必要だろう。しかし、今日あるような秩序としての（近代以降の）社会的なものは、それに帰属する人びとから重大な自由を奪うものとなっている。どういうことか。社会的なものの中で、今日、人びとは保護されることを過度に求めているが、まさにこのことによって自由が失われているのである。では、保護を求めすぎているとはどういうことか。

私たちは、公共サービスを受けることに慣れており、それが当たり前だと思っている。いわゆるライフラインが家に常設されているのは当たり前だ。水を川や井戸にくみに行かなくてもいいし、電気もガスも家に引かれている。狩りや漁に行かなくても、畑を耕さなくても、近所の食料品店で新鮮な食料を手に入れることができる。また、どこかへ行くにも公共交通機関を利用すればいい。さらに、新製品が毎日のように売り出されている家電製品で、生活をいっそう便利にすることができる。住居をインテリジェントにすることができる。もし近所の道路が壊れたとしても修理してもらえる。

このように、私たちの住むという営みは、様々なサポート、サービスの上に成り立っているのだが、それらのサービスを受けることは当たり前なのだ。もし、サービスが少しでも滞ると、クレームをつけ、苦情を言うことができる。人びとは、巨大なドメスティックな空間に保護され、自分の家だけでなく、近隣空間、例えば図書館、デパートなどでも、ちょっとサービスが悪かったりすれば苦情を言うことが許されている。

ここで言いたいのは、以上のような不満の物言いをいちいちすることは大人げないというような道徳的非難ではない。この巨大なドメスティック空間による保護に自分の身を任せていることが、おのおのの政治的主体性を強力に無力化しているということである。

それだけに留まらない。このような受け身の態度がさらに強くなれば、将来的には次のような脱政治的な事態すら生じてくることが予想される。すなわち、隣の家に空き巣が入ろうとする場面を目撃していても、犯人を捕らえるリスクを冒さないだけでなく、声を出して助けを呼ぶことすら人はしなくなるだろう。というのも、監視社会が一般化した将来においては、おそらくセンサーで侵入を関知しているはずのセキュリティー会社の警備員の到着が遅いから事件が起きたのだと文句を言うことが許されてしまうだろうからである。目撃していたとしても自分は悪くない、セキュリティー会社が悪い、と。

主体的に働きかけを求められるはずのこうした場面ですら、公的機関であれ、民間企業であれサービスの保護の手に支えられることが当然とされる。そうすると、人は隣人に関心をもたなくなり、隣人がどのようなトラブルに巻き込まれていようとも見捨てるという態度が標準化してしまうだろう。

つまり、この保護を過剰に求めることは、共同体を分断する。これこそが、民衆の政治の死をもたらすだろう。というのも、政治とは共同の関心事に対し、共に考え、活動することだからである。「共」という単位が解体してしまうのである。

以上論じてきたのは、保護されることに身を任せすぎることが、共に在るという心の構えを失わせるということだったが、次に考えたいのは、保護を過剰に求めることが、なぜ自由を失うことになるのかについてである。この過度に保護を求めることによって失われる自由とは何か。一つは、公共サービス機関の側が、苦情を恐れて、求められるような保護を過度に行おうとする場合が考えられる。その場合、その分だけ住民の自由は奪われることになる。

事例①　地震で家に帰してもらえない住民

地震など災害に遭った人びとが、公共施設に保護され、自宅に帰してもらえないという場面を思い出してみよう。このケースが示しているのは、人が要求するサービス、保護が、明らかに自分に対する拘束だと感じてしまう、というある種の反転の現象である。

死ぬ危険がある限り、自宅に帰してもらえない。本人が「死ぬことになってもそれでもいい」といっても、行かせてもらえない、「一生過ごした家で死ねるならそれでもいい」と老人が言っても、そのように死なせてくれないのである。自由にさせてくれない。

こうなるのは、この老人が自宅に戻り、その後、余震などで家が倒壊し下敷きになって怪我をしたり亡くなったりした場合、その地区の役所など当該機関が、「世間」（マスコミ、世論）から叩かれるのを恐れるからだろう。それを恐れて、当該の公共機関、国は、被災者の自由を奪わざるを得ない。

この場合の保護は、「誰にとっての保護なのか」というところの、この「誰」を考慮に入れない、抽象的な観念になってしまっている。ここには「とにかく保護すべきであり、人は保護されるのは当然である」という無思考的な観念しかない。保護すること、されることがいつしか強制的なものになっている。こうして、すべての人びとに対し少しでもリスクのある行動をとらせないように拘束せざるをえなくなる。

では、拘束されるのが嫌なら、保護をこちらから要求することを拒否すればいいのだろうか。あるいは、自分に、他人に何が起きようとも、苦情を言わないようにみんながなれば、強制的な保護という奇妙な事態にまで至らないのだろうか。

しかし、こうした問いは、なぜか生まれにくくなっているように思われる。悪いのは、保護を怠った国であり、あるいは保護を自分から何らかの仕方で拒否した人びとだとされる（つまり、「自己責任」だと)。自分が何か損害を被っても、国などに苦情を言わず、また周囲もそれを自己責任だと言わないというような雰囲気が少ないように思われる。いずれにせよ、苦情を言うこと、保護を要求することそれ自体が、自分たちの自由を奪うことにつながっているかもしれないという想像力が持たれていないということは確かであり、この点を押さえておく必要がある。

では、仮のケースとして、結果がどうなるにしても、人びとが保護を国に要求しないようになると考えるなら、それは具体的にはどうすることを指すのか。このことを考えてみよう。

例えば、先の例につなげて分かりやすく言えば、災害でどれほど危険な事態になっても、国はいっさいその地域の住民の行動を拘束せず自由判断にまかせることにし（避難所を設けるなどの程度の保護は行うにしても）、たとえそれによって死者が出ても、誰もいっさい国に文句をいわず、それぞれの人が自分で死を選んだと考えるようにする（中には不運にも意図せず亡くなった人がいるとしても、それをどんな理由があろうと国のせいにはしない）というような世の中になれば、人びとは生活でリスクをその分負うことになるが、果たして、その分自由に生活することができることになるだろうか。

これについて考察を進めるためにもう一つ例を挙げよう。それは、食の安全について、国民が国に求める保護（それについての苦情）の度合いがどれほど強いものであるかを示してくれる例である。ここで考えたいのは、いくら苦情を大きくしたところで、それは訴えの方法としては適切なものではないということについてである。そして、民衆の政治として適切に訴えるには、保護を要求する（苦情を言う）のとは別の仕方を考案しなければならないということ、そして、その先に、自由があるということを。

事例②　なぜ苦情は政治的行為にはならないか

先に述べたように、私たちは社会的なものに囲い込まれていることによって保護されているが、その分、雇用者側との直接的な交渉の場にアクセスする自由を構造的に奪われ、話しを聞いてもらう権利をほとんどの場合持たされていない。その代わり許されているのが、クレームをつけること、苦情を言うこと、相談窓口に行くこと、心理カウンセリングを受けることなどである。しかし、苦情を言うこともまた、政治的係争にはなりえないのである。それはなぜか以下で考えてみたい。

最近、農相が食の安全に関して「日本は心配しなくてもいいが、消費者がやかましくいろいろ言うと応えざるを得ない」と発言したことが問題になり、マスコミや視聴者によって叩かれ、この農相は謝罪した。この発言自体は、とくに取り上げるほど過激な発言ではなく、政権交代をアピールするために野党が問題をことさら大きくさせた感が否めないものだったが、この発言がなぜあれほどのバッシング、苦情を招いたのかについては考える余地がある。

自分たちの食の安全に対して、国が完璧な保護を遂行しなければならないという強い要望を国民がもっているにもかかわらず、その要望に農相が辟易しているのが許せないということなのだろう。ここから分かるのは、自分たちへの保護を国があるいは行政が怠るということに対し、世論が過度に敏感であることだ。「もっときちんと保護してくれないと困る」という不満が、国民感情を逆撫でするような閣僚自身による失言もあって、一気に噴出したということだろう。

確かに、食の安全は、民衆全員に関わる公的な事柄であり、そこに食品会社による偽装問題の不正があれば、その不正を正してほしいという要求を持つのは当然である。しかし、この不正を訴えるやり方としては、つまり、民衆の政治的行動として訴えるやり方としては、苦情、バッシングというやり方は適切ではない、というよりむしろ力をもちえない。なぜなら、このやり方は〈社会的なもの〉の中から行われるやり方でしかないからだ。これまで繰り返し論じてきたように、民衆の政治は〈社会的なもの〉の外にある。

苦情、クレームによる訴えの場合、偽装する食品会社やスーパーに対する国の検査を「厳しくすべきだ」と文句を言いながらも、その人間は、その偽装する会社、スーパーが提供するサービスの恩恵になおも授かろうという態度を持ち続けようとしている。その人間は、社会的なものから与えられる保護を怠るなと言うだけで、なお保護される空間に留まり、保護に対して受け身であろうとし続けようとしている。閣僚から「苦情がやかましい」というような侮辱的な言われ方をするのは、文句を言う者がこの保護される空間、すなわち支配される側に留まるからである。そこに留まる以上、食品の提供を担い、それに関する重要な取り決めを行っている支配する側の人間からすれば、苦情の声は、支配される側からのうるさい「動物のわめき声」（ランシエール）にしか聞こえないのである。

つまり、訴える声が、動物のわめき声なのか、人間の不正を訴える声なのかということは、その声が発せられるのが、社会的なものの空間からなのか、その外の空間からなのかで決まる。では、この場合、保護される空間の外にはどうやって出ればいいのだろうか。

手段としては、例えばボイコットがある。というのも、これは偽装の疑いのある企業から食料品をサービスされること、また、国が検査を行うこと、つまり、保護されることを拒否するからである。少なくとも、この場合、相手が自分たちの声を聞く姿勢を見せるまでは、一定の期間はもうそうした会社のものは買わない、国のやることなど信用しないという行動をとることになる。

さらにこれに加えて、自分たちの食料を調達するルートを独自に築き上げるという活動が考えられるだろう。例えば野菜などの場合、近所の信用できる農家のものしか買わないなどの。

ただしここで注意しておきたいのは、こうしたボイコットは、第五章でも述べたように、特権階級による民衆への侮蔑に対して、民衆の威力を示すための手段としてなされる限りのものだということである。つまり、自分たちの食料を調達するルートを独自に形成するということ自体を目的とすることをここで考えようとしているわけではない。これを目的にする活動になってしまうと、何とか主義になったり、しっかりした組織作りの活動に向かってしまうだろう。例えば、生活協同組合などがそうである。これはこれで別の問題であり、ここではその問題は考えない。すでに何度も述べてきたように、ここでの民衆の政治、デモクラシーとは、エリートと民衆との間の支配、被支配の関係を中断することによって自分たちの存在感を示すこと（今日これが欠けているのであって、だから民衆は侮蔑されたままに留まっている）であって、オルタナティヴとしての何とか主義、制度、組織を考えることではない。

戻ろう。以上のような行動をとることが、さしあたり、保護される空間の外に出ることになるだろう。つまり、政治的活動、デモクラティックな行動とは、不満を言うだけでなく、保護された空間の外に出て、その分何かリスクを負うこと、あるいは、保護された空間を出て、それまで受けていたサービスを拒否し、その分、降りかかってくる仕事を自分たちが引き受けることを意味する。これとは反対に、苦情を言う者は、保護された場所に留まり、仕事が増やされることを嫌う。そんなことは役所が、市が、県が、国がするのが当たり前で、自分たちに降りかかってくるのはおかしい、と。これだと、批判する相手と同じ舞台に立つことなく、自分たちは保護された場所から文句をいうことにしかならない。したがって、外野からの野次にしかならない。繰り返すが、こうした苦情の言葉は、外の空間で取り決めをしているエリートたちからすれば、所詮、保護された空間内から手も足も出せない「動物のわめき声」としか見なされないのである。

税金を払っているから保護されるのは当たり前とか、分業化された社会の中で、一家の長がそれぞれの持ち場で貢献し、その貢献をみんながきちんとこなしていれば社会は回るのだ、したがってそれ以外の仕事はすべて公共サービスの仕事だ、というのも間違っている。共同体においては、つねに均等に仕事が振り分けられているわけではない。誰かは仕事を多くやらされ、誰かは少なく済んでいる。あるいは誰かのためのことはなされず、別の誰かのためのことは過剰になされている。あるいは、誰かは分け前が多く、誰かは分け前が少なく、誰かは分け前が全くない。ここに不平等がある。先に述べたように、こうした分業社会的な分配の計算が間違っているというのがランシエールが民衆の政治の前提として考える平等の考え方である。したがって、民衆とは、分業で社会がうまく運営されていると考えられている領域の外で、無償で、多くの人びとに関わる公共の事柄に対して取り組む人びとのことを指すだろう。したがって、何か価値ある労働、仕事をした分だけの報酬が分配されるというような分業社会的、市場主義的な公正な分配という考え自体が間違っているのであって、アレントのいう〈活動〉とは、見返りを期待するような性質の営みではない[1]。不平等で歪んでいる共同体の歪みを正そうと、この不正に異議を申し立て、〈活動〉するすべての人びとのことを民衆と呼ぶのであり、この共同作業のことをネグリ、ハートは《コモン》と呼ぶのである。

全員が割り当てられている分の働きだけをし、税金を納めていればいい、それ以上のことをすると自分は損になるというような功利的な考え、ただし得することは歓迎するというような自分の利害しか考えない人びとだけだと、共同体は分業社会化し、したがって不平等が生じ、歪んでくる。この歪みを修正するには、自分の利害だけを追求する態度を捨てる人びととしての〈民衆〉が必要になってくるのである。すなわち、保護される空間を出たところで、リスクを負い、増える仕事を請け負うことによって、不正を正すための活動をする人びとが（序論で触れた、北海道、洞爺湖でのG８の会議に対して行われたデモ行進には、他の県から北海道に出向いてきた大勢の人びとの参加があった。また海外からも参加者が多くいた。さらに、逮捕までされた人がいた。デモ行進への遠い道のりを経た参加自体が、割り当てられた〈仕事〉以上の〈活動〉なのであり、逮捕されるリスクを負うものだということに改めて思い至るなら、彼らこそ民衆と呼ばれるに値する人びとだということになる）。

したがって、保護される空間からの野次ではなく、そこから出て、保護されていない分、リスクを負い、増える仕事をこなすことを通じてなされる不正への異議申し立ての訴えの声は、

(1) 例えば、毎日のように、ブログを更新し、何らかの情報を提供し、それを必要とする人びとがいるということがあるが、たとえ彼が、引きこもりで、家に一日中いるとしても、彼は社会的なものの中での有用とされる〈労働〉あるいは〈仕事〉はしていないかもしれないが、人びとの共通する関心事に対する貢献をしているという点で、〈活動〉を行っていると言える。そして、彼が引きこもりということで決意を示しているのは、〈労働〉や〈仕事〉を拒否し、〈活動〉することを選択したということではないだろうか。あるいは、〈活動〉にしか、自分の〈自由〉を感じられないということではないだろうか。

数が多くなるほど、訴えられる国や企業の側に何らかのダメージを与える。訴える声が政治的な力をもつかどうかは、単純でありながら同時に難しいことであるが、保護される空間から出る時間を自ら設けることにかかっているのである。ランシエールはこのことについて次のように述べている。

> 有名なアリストテレスの定式は、動物は快苦を表す声しかもたないが、人間は正や不正を共通のものとする言葉をもつがゆえに、人間は政治的であると宣言しています。しかし、重要なのは、何が思慮深い言葉で、何が不快の表現かを判断できるのは誰かという問題であり、ある意味で、あらゆる政治的活動がこの問題をめぐる対立なのです。
>
> プラトンは、職人は自分の仕事以外のことをする時間がないとはっきり述べています。しかし政治が始まるのは、まさに自分の仕事以外のことをする時間がないと見なされている彼らや彼女らが、自分たちが確かに話す存在であり、共通世界の参加者であり、怒り苦しむだけの動物ではないことを証明するために、もっていない［はずの］この時間をとるときなのです。（ランシエール 2004：4）（強調引用者）

もちろんここでは、国が行うサービスすべてを拒否し、民衆が自分たちのことをすべて自分たちでやればいいというような極端なことを言っているわけではない。繰り返すが、ここで言っているのは、一時的に支配被支配の関係を中断させ、民衆の威力を示すための手段としてボイコットを用いることであって、これ自体を目的とするということではない。なぜ、支配の関係の中断が必要かといえば、今日のような階級再生プロジェクトとしてのネオリベラリズムが、金融危機を経た後もなお修正を施され維持されようとされているような状況では、しかもこれが民衆への巨大な侮蔑の上に推進されている状況では、存在感を失っている民衆の威力を発揮することこそがまず何よりも重要だからである。(2)

(2) 先に、偽装した食品会社の製品のボイコットや、自分たちの食料を調達するルートを独自に築き上げる活動について述べたが、この活動はその分食料を自分たちで調達するなど労力が増えるが、しかしこれも大勢で共同でやればそれほど大変ではないのではないだろうか。こうしたところに、どれほどネグリ、ハートのいう〈コモン〉の考え方が人びとを導く力となりうるだろうか。もしこうした活動をとる人が増えれば、食品会社や政府はその人たちの言うことを聞かないわけにはいかなくなるだろう。その分儲けにならないのだから。もちろん、企業が世間からバッシングを受けることも大きな圧力になりうるだろう。再び偽装などが発覚すれば、もう会社としてやっていけないというような危機感を生じさせるだろうから。
しかし、誰が見張っているか分からず、互いに疑心暗鬼になり、互いに叩きあうことだけが主要なコミュニケーションになり、したがって不祥事、過失に怯え萎縮していくような、互いの分断をベースにする社会よりも、不祥事を起こせば買わない、ボイコットする、きちんと要望を聞き入れてくれれば買うというような、互いの態度がはっきりする、連帯をベースとする社会である方が健全ではないだろうか。

ここまで、さらなる保護を求める苦情が不正を訴える方法としては力をもたない、ということについて論じてきた。同時に、力を持つ不正を訴える声とはどのようなものについて考えてきた。

保護を求める苦情は、もちろん、マスコミなら特定の人間が記事にするのだろうし、世論の場合も、インターネットの掲示板やブログなどに、具体的な誰かが匿名で書き込んでいるのだろう。しかし、こうした苦情の言葉は、自分一人だと後ろめたいものであって、大きな後ろ盾とでもいうべきもの、苦情を言ってもいいとする風潮がもともとなければ現れてこない。

しかし、だとすれば、この風潮とは何なのか。それをよしと思っている特定の人間の大群なのだろうか。苦情の主体化を促す雰囲気とは何なのか。これについて考えるために、先に挙げた例に戻りたい。

避難所から老人を自宅に帰さないようにするのは、当該の公共機関（国家権力）の権限においてなされるが、しかし、その権限を求めているのは、多くの場合、当の国民自身でもある。また、この場合の国民とは、その場面で実際に家に帰してくれと求めている一人の具体的な高齢者ではなく、誰でもあり誰でもないというような抽象的な実体である。世論、世間と呼ばれるような。

となると、誰が保護を求めているのか、あるいは何が保護しようとしているのか、その主語となるのは、この抽象的な実体ということになる。これはいったい何なのか。これについては、東島誠が、事件が起こる以前の秋葉原の駅前広場が使用禁止になったことを巡って考えているので、それを参照しておこう。

事例③　立ち入り禁止の公共広場

通り魔事件が起こる以前のことだが、秋葉原駅前の公共広場に奇妙な看板が立てられたことから、東島は公共性を問い直した。その看板には次のように記されていた。「ここは公共の交通広場です。一般の歩行者の通行を除き、使用することを固く禁じます。東京都第二区画整理事務所、千代田区役所、万世橋警察署。」縮めて言うと、これは「ここは広場です。使用することを禁じます」となる。公共の広場であるにもかかわらず、通行することしか許されない場所ということはどういうことなのだろうか。ここでの「公共」という言葉に与えられている意味について、東島は次のように述べている。

> ここでいう「公共」がすべての人に開かれたという意味でのpublicではないことは明らかだ。だがだからと言って、「ここはお上の管轄地だ」ということを強調するための表現でもあるまい。ここでは、国家でもなく、民間でもなく、何か倫理的な強制力を期待された社会的なるものが、そしてそもそもそんなものがあるのかよくわからないままに、「公共」の名で呼ばれているのだ。官対民、国家対個人というおなじみの対立構図とは異なったところに

[…]、暗黙裏にcommunality（全共同体的一致）を強要する思考が、いつの間にやら根を張りめぐらしているとするなら、これは文字通り、新しい事態と言えるのかもしれない。（東島2006：149）（強調引用者）

官でも民でもない、国家でも個人でもないとすれば、誰が広場への保護を求めているのか、あるいは何が広場を保護しようとしているのか、その主語となるのは、この抽象的な実体ということになる。これはいったい何なのか。東島はこれを、「何か倫理的な強制力を期待された社会的なるもの」と述べた。

では、いつからこのような強制力が実効性を持ち始めたのだろうか。いつから、その強制力を追い風に、苦情が増え始めたのだろうか。いつから人びとは保護された空間にいることが当たり前で、自分たちはそれに対し不満をいい、クレームをつける資格が与えられていると思い始めたのだろうか（さらに言えば、いつから人びとは、保護された空間に引きこもり、その外での活動をしなくなったのだろうか）。いつから、国は、この強制力を追い風に、人びとの自由を拘束することが当たり前だと振る舞うようになったのだろうか。これについて歴史的に裏付ける作業をする余裕はここではない。ただ、一つ参考になる論点をドゥルーズが提供してくれている。強制力に実効性を与えられた一つの日付について。

事例④　禁煙空間

近年、私たちの生活空間で迷惑している「みんな」が、相当な強制力をもって、ある排除を行使している件がある。それは禁煙空間の増大である。なぜ近年、これが急速に増大することに成功しているのか。一般的には、二〇〇二年に施行された健康増進法という法的根拠が設けられたからだと言われている。いわゆる受動喫煙による健康被害から国は国民を守る必要があるし、国民もまたそのような被害から自分の身を守らねばならない、だから、禁煙空間を拡大しなければならない、と。

しかし、健康増進法よりもっと以前から法的根拠が与えられていたことをドゥルーズは教えてくれている。ドゥルーズはそのことについて、『アベセデール』という一九八八年に行われた対談映像の中で語っている。簡単にまとめて言おう。

昔、禁煙に我慢できない男が、乗客に禁煙を促そうとするタクシーに対し、訴訟を起こした。このとき、タクシー側が負けた。いまではありえない判決である。しかしその後、ある時から、風向きが変わった。すなわち、禁煙を当たり前だとする主張することに追い風が吹き始めた。なぜか。それはドゥルーズによれば、タクシーの車内空間についての法的解釈が変わったからである。

以前は、乗客にとって、乗車中のタクシー車内の空間は、賃貸アパートと同じ扱いであり、また、乗客は、その空間を間借りする貸借人という身分だった。しかし、法解釈が変わり、乗客と車内空間との関係が変わったのである。どういうふうに変わったのか。それは、車内空間の利用が、公共サービスの利用となり、乗客は貸借人ではなくサービス利用者となったのである。それ以前であれば、自分の借りた空間である以上、元に戻せばタバコを吸うぐらいしてもよかった(空間を汚したり、傷つけたりさえしなければ)。プライヴェートな空間を一時的にレンタルしているのだから。これが、公共サービスとなって、プライヴェートな空間のレンタルではなくなった。乗っている間も公共のものであり、つまりその場にいる他の人(運転手)だけでなく、その後利用するであろう誰か(他の乗客)と共有するスペースとなり、そのような個人の主張は許されなくなったのである。車内空間に残ったタバコの臭いを嫌がるような他の利用者がいるのなら(しかもそれは大いにありえるのだから)、タバコをおやめください、と。

つまり、この禁煙タクシーは、国家が「強制的に禁煙しろ」という命令を下してできたものなのか、それとも、民間のタクシー会社が迷惑するからやめてほしいと言ってできたものなのか、さらに、受動喫煙を恐れる具体的な誰かの訴えによるものなのか、どれにも当てはまると同時に、どれも当てはまらないかもしれないという奇妙な抽象性をもっている。この抽象性に実効性を与えたのが、タクシーの車内空間を「公共サービス」とする法解釈だったのである。

公共サービスになったから、つまり、「みんな」が利用するものであり、そうすると、「みんな」が迷惑するかもしれないから、禁煙しましょうということなのだが、ここにあるのは、「みんな」という強制力、あるいは、受動喫煙の健康被害から「みんな」を何が何でも保護しようとする社会的なものの空間の強制力（保護を強制する力）である。しかし、この空間は、これを公共のものだとする法的根拠が与えられたことによってこそ、どんな場面でも強制力を発動させることができるのである。この点が重要である。

問題は、この強制力が、その抽象的な性格の分、批判しにくいというところにある。社会的なものによる保護を求める声を当然の権利とし、この声を批判しにくい理由は、この抽象性にもあるだろう。

この抽象空間が、ある場面では、国民の食の安全に対する配慮を怠っているとして、大衆による政治家バッシングの強制力発動を可能にし、別の場面では、犯罪取り締まり強化の強制力発動を可能にし、また別の場面では、高齢者を自宅に帰さない強制力を持ち、あるいは喫煙者を排除することを正当なものにする力を持つ等々。つまり、この同じ抽象空間(3)が、抽象である分、どんな具体的場面でも、何が起きているか分からないまま、力を発動し続けることができる。

しかし、誰が食に不安を感じているのか、誰が犯罪を取り締まって欲しいと切に願っているのか、どのような被害を政治家から受けて怒っているのか、危険であっても自宅に帰りたいと

（3）この種類の抽象性が、社会や国家を動かしているということについては、ドゥルーズ、ガタリの『千のプラトー』における「抽象機械」の概念を参照のこと。

いう人を誰がどんな理由で引き留めているのか、どの人がどんな理由で煙を死ぬほど嫌がっているのか。膨らむバッシングの声の主は、いつも不気味なほど、よく分からない。ここにあるのは、負の抽象空間であって、これが出現するところには、誰が誰に対して、何に対して憎悪をしているのか分からないまま、誰かが謝罪し、逮捕され、辞任し、有罪判決を受け、賠償金を支払い、責任をとらされるという結末に落ち着く(この抽象性こそ、思考することを最も強く阻む障害物ではないだろうか)。

しかし、ここで重要なのは、このような空間が今日実効性をもっているとはいえ、それがフィクションにすぎないということを理解することである。この負のブラックホールのような抽象空間が現れるや、多くの人びとがその引力に引き込まれ、バッシングに便乗したり、それを批判したり、というようないがみ合いに巻き込まれてしまう。しかしこの空間から降りることが可能なのである。先にも示したように、一部の食品会社が食の安全を乱したとしても、それに対して政治的係争をしかけたいのなら、ボイコットなどによって、この空間の外に出て、不正に対し、「怒り」をもって異議申し立てすればいい。「憎悪」するにまかせたクレームやバッシングは、この空間に参加することにしかならない。「怒り」という感情と「憎悪」という感情を区別できるだけの明晰さが求められているのである。この空間の外があるということを知らないことが問題なのであり、このような外に出ることは、秩序を乱す不審者であり、それは犯罪行為だと見なすポリス的秩序化に従わないことが重要なのである。

あるいはもしかすると、当初は、政権側が住民をコントロールするためにこの公共サービス空間を広げようとしたのかもしれないが、しかし今日、これだけクレームによって辞任に追い込まれたり、企業が倒産したりすることが起こっている以上、大衆にとっても政権にとっても、いがみ合いを生むだけになっているのではないだろうか。共同体に、誰も望まない非発展をもたらしているだけかもしれないのである。

日常生活において私たちは、保護すること、されることを強制する、この公共サービス空間の恩恵を被っている。しかし、ある時期以降、法的根拠を与えられたこの空間に生きながら、その根拠を自明なものと考えず、特定の場面で苦情の主体になってしまう誘惑を拒否すること、また、空間の抽象性に抵抗して思考すること、が重要になってくるのである。

客体化から主体化への横滑り

私たちは、政治的主体化へと向かえないよう、すでに何らかの用意された客体の枠の中でのみ主体化するよう促されている。消費者、視聴者、障害者、観客、クレーマー、通行人、乗客、ユーザー、ワーキングプア、「国民のみなさま」、会社員、派遣社員、専業主婦、シングルマザー、患者、後期高齢者等々。こうして、私たちの生活には、いたるところに、サービスを受ける客体化の回路が動いており、場面ごとに、私たちの身体は自動的にこれらの客体化の回路（シナリオ）に組み込まれ動かされている。

見ること、聞くこと、感じること、考えること、行動することといったものすべてが、これらの回路では、すでにパターン化されており、それを自動的に反復することが私たちの生活になっている。こうして、政治的主体化のプログラムは阻まれ、政治的情動を生きることができずに、自由を生きることができずにいる。これらの客体化の回路のいくつかについて考え、それらに共通する基底部のようなものとして公共サービス空間という保護される空間を考えてきた。私たちは、この社会に生を受けるやいなや、この公共サービス空間へと一気に投げ込まれている。この時点ですでに、いつの間にか公共サービス空間の利用者という、行動が制限された臣下として、秩序に従う人間になっているのである。

しかし、いまや人びとは、自分が自分自身から引き剥がされていると感じるようになっているのではないだろうか。こんなのは自分ではない、と。それは想像的に理想的な自我を追い求めるナルシストが、いつまでも自己像を否認し続けているということとは違う。公共サービス空間が提供する客体化の幾多の回路を次から次へと渡り歩くことに、生きる意味を感じなくなってきているということである。民衆の政治にとって、貧困や格差だけが問題ではない。止まっている、もしくは空転し続けている、各々の政治的主体化のプロセスを再開させることこそが問題なのである。

あとがき

ジャック・ランシエールによれば、人間の〈自由〉は、私的幸福の追求（趣味のための時間などを過ごすこと）にあるのではなく、公共の事柄の取り決めへの他の人々との共同参加にこそある（アリストテレスによれば、前者と後者を逆転させたのは政治権力である。こうして自らへの民衆の反発を防いだのである）。この取り決めに、自分たちの意見を表明し、それが聞き入れられるというところにこそ、人間が人間（「政治的動物」）たりうる瞬間がある。

しかし、今日では、私たちは取り決めの場から遠ざけられ、選挙での投票や、社会調査への回答、あるいは苦情をいうことなどを通じてしか自分たちの意見を示すことは許されていない。つまり、私たちはランシエールの言う〈住民〉でしかないのだが、住民の声などというものは、極端な言い方をすれば、何を言っても聞く耳を持たれない、古代ギリシアの奴隷たちが発したとされる「動物のわめき声」でしかないのである。住民の声は、多くの場合、統計学的な数値（政党支持率、選挙投票率、何らかの質問への賛成／反対の数など）に還元されたり、政治家や官僚、財界人に煙たがられつつ適当に処理される「クレーム」に留められたりしている。つまり、政治的動物としての人間たちの名である〈民衆（デモス）〉は、バラバラに分断され、個々の存在を、投票ボックスや、（電話）相談窓口や、ネットの匿名掲示板の画面などが置かれている小さな個室に閉じ込められながら、〈住民〉として一人一人孤独を強いられている。

もちろん、デモにおいて、街路は、〈民衆〉が存在感を示威する舞台となりうる。しかしデモは権利として認められているとはいえ、警察の監視下で行わなければならず、しかも近年、恣意的に、道路交通法違反の名において参加者が逮捕されるケースが何度か起きている。さらに、この特権的なデモの瞬間を取り除いた平常時になると、残念ながら街路に、〈民衆〉が自らの存在を示威できる自由など、ほとんど残っていない。

交通問題と称して、人々が群をなして一カ所に集まることは、（文化イベントなどを除いて）ほぼ禁止されている（最近では、公共広場でさえ使用禁止になっているところがある）。また、街路は、とりわけ街中では通常、「すばやく通りすぎるためだけの空間」にされており、人々は互いに行き交い合うだけになっている。街頭でティッシュを手渡されることすらめんどうに感じるぐらい、見知らぬ他者との接触などない方が快適だとされる空間になっているのである。

一方、閑静な住宅地などを通る道路では、街中ほどには「すばやく通り過ぎること」を強制されていない。しかし、目的をもたずにぶらついていれば、今度は不審者扱いされる。夜の公園では、大声を出してはいけないだけでなく、複数の人間がただそこにいるだけで、不審者扱いされる。コンビニの明かりの下で仲間たちと「たむろ」するのもだめだ。

こうして、人々は、ポリス的秩序の圧力に圧されて、いくらか屋内に引きこもるのを余儀なくされているのではないだろうか。つまり、民衆にとっての政治の根本問題は、民衆という〈存在〉が、見えない圧力をかけられて、都市空間に「現れ」にくくされているところにこそあるように思われる。裏返せば、民衆にとっては、今日の都市空間は、戸外にいるだけでストレスを感じる空間なのである。

交通や治安を名目に、〈民衆〉はいつのまにかばらばらに分断された状態にあることが当たり前で、これを快適で安全だと感じるような感性を持つことが常識になっている。外では、人々は、互いにすれ違うだけで、目的地と家とを往復するだけのおとなしい「通行人」という身分を崩さないことがあたかも善き市民であるかのようだ。そして、この分断を擬似的に補完するものとして、私たちは、ケータイやインターネットを通じた「コミュニケーション」を必要とし、あるいは逆に、より孤独になるために携帯音楽プレーヤーや携帯ゲームを必要としている。

〈民衆〉が政治権力に対し、脅威になるほどにまで威力をもって存在することを許される場所など、今日の都市空間には無いということだろうか。〈民衆〉に〈自由〉は許されないのだろうか。何でもお上のいうことに従う従順な〈住民〉であること（もちろん、時にはポリス的秩序に乗ったままその秩序にクレームをつけはするが）は許されても、秩序それ自体を拒否する権利を行使しようとする〈民衆〉は存在してはいけないのだろうか。だとすると、今日私たちは、ハンナ・アレントのいう「人間の条件」を奪われているのではないだろうか。

おそらく、現代的な疎外感の原因となっているのは、社会的承認の欠如や貧困といった「社会問題」だけではない。むしろ、〈民衆〉になることを阻止されていることこそが、人々を、自分という人間など世界に存在していなくてもいいのではないか、という絶望的な惨めさ、よるべなさに追い詰めているのではないだろうか。

この袋小路から抜け出すことは容易ではない。なぜなら、そこから抜け出すべく、〈民衆〉として存在するためにとる様々な行動形態は、（新左翼的な）「政治活動」というものに貼り付けられた様々な否定的イメージや、「ボランティア」活動という語などにまとわりつく、しばしば揶揄の原因になるような否定的なイメージに汚染されているからであり、また、先に述べたように、街の空間が抑圧的になっているせいで自由に振る舞うことが難しくなっているからである。

したがって、ここで問題なのは、民衆にとっての〈自由〉を、経済の文脈での自由主義的な自由などと明確に区別し再定義することであり、また、政治的〈活動〉（アレント）なるものを、六〇年代的な政治運動や九〇年代以降の市民運動などにおけるそれらと明確に区別し再定義することである。あるいは、〈自由〉な空間と、単なる無秩序、何でもやり放題の無法地帯とを区別すること、あるいは、いわゆる共産主義や社会主義と民衆の政治を区別することである。

民衆の政治に求められているのは、銀行を救済することでも、手厚い社会保障や賃上げを要求することでも、政権交代を望むことでも、選挙に行くことでも、ない。来るべき民衆へと一人一人を導く《思想》が求められているのである。

＊

序論、第一章、第二章は、それぞれ別のところに書いたものを、多かれ少なかれ書き直した。残りの章は書き下ろしである。それぞれの文章を担当していただいた編集者の方々、講談社選書出版部の山崎比呂志さん（「フリーターにとって〈デモクラシー〉とは何か」、『RATIO03』二〇〇七年五月号所収）、岩波書店、『思想』の互盛央さん（「民衆に政治をできなくさせる置き換えの手法について」、『思想』二〇〇八年二月号所収）、岩波書店の山本賢さん（「街路への権利を殺人者としてではなく民衆として要求しなければならない」、大澤真幸編『アキハバラ発〈00年代〉への問い』二〇〇八年九月所収）にはたいへんお世話になった。記して感謝したい。

また、人文書院の松岡隆浩さんに最初にお話をいただいてから、ずいぶんと時間が経過してしまった。松岡さんにこの場を借りてお詫びと、また、いただいたいくつかのありがたいご意見への感謝を申し上げる次第である。

二〇〇九年五月二一日　名古屋にて

和田　伸一郎

文献

（ただし、文脈に応じ多少訳語を変更した場合がある）

バディウ、アラン（2005＝2008a）『世紀』、長原豊、馬場智一、松本潤一郎訳、藤原書店。

――――（2008b）「〈インタビュー〉六八年とフランス現代思想」、藤本一勇、聞き手、訳、『環』2008年春号、藤原書店。

バリバールほか（2005＝2006）「危ないぞ、共和国！」、『現代思想　臨時増刊　フランス暴動』、青土社。

ブランショ、モーリス（1983＝1997）『明かしえぬ共同体』、西谷修訳、筑摩書房、ちくま学芸文庫。

――――（2003＝2005）『ブランショ政治論集：1958-1993』、安原伸一朗、西山雄二、郷原佳以訳、月曜社。

カストリアディス、コルネリュウス（1996＝1999）『意味を見失った時代』、江口幹訳、法政大学出版局。

千葉眞（2000）『デモクラシー』、岩波書店。

ドゥルーズ、ジル（1966＝1974）『ベルクソンの哲学』、宇波彰訳、法政大学出版局。

――――（1969＝2007）『意味の論理学　上・下』、小泉義之訳、河出文庫。

――――（1990＝2007）『記号と事件』、宮林寛訳、河出書房新社。

ドゥルーズ、ジル／ガタリ、フェリックス（1972＝2006）『アンチ・オイディプス　上・下』、宇野邦一訳、河出文庫。

――――（1980＝1994）『千のプラトー』、宇野邦一、小沢秋広、田中敏彦、豊崎光一、宮林寛、守中高明訳、河出書房新社。

――――（1984＝2004）「六八年五月〔革命〕は起こらなかった」、ジル・ドゥルーズ著、『狂人の二つの体制　1983-1995』所

収、杉村昌昭訳、河出書房新社。

デュラス、マルグリット（1980＝1998）『緑の眼』、小林康夫訳、河出書房新社。

――――（1987＝1987）『愛と死、そして生活』、田中倫郎訳、河出書房新社。

江口幹（1998）『パリ68年5月：叛逆と祝祭の日々』、論創社。

フェリー、リュック／ルノー、アラン（1985＝1998）『68年の思想：現代の反-人間主義への批判』、小野潮訳、法政大学出版局。

――――（1987＝2000）『68年-86年　個人の道程』、小野潮訳、法政大学出版局。

ガタリ、フェリックス／ビュテル、ミシェル（1985＝1996）「ミシェル・ビュテルとの対話」、『闘争機械』、杉村昌昭監訳、西川浩樹、前田晃一訳、松籟社。

ハーヴェイ、デヴィッド（2005＝2007）『ネオリベラリズムとは何か』、本橋哲也訳、青土社。

林好雄、廣瀬浩司（2003）『知の教科書　デリダ』、講談社（講談社選書メチエ）。

東島誠（2006）「日本型「オオヤケ」の超え方――〈市民〉が〈国民〉へと回収されないために」、『RATIO』1号、講談社。

イポリット、ジャン（1960＝1979）「ハイデッガーとヘーゲル　「ヘーゲルの経験概念」の研究」、工藤庸子訳、『現代思想　臨時増刊　ハイデガー』、青土社。

カーランスキー、マーク（2004＝2006）『1968：世界が揺れた年　後編』、来住道子訳、ソニー・マガジンズ。

ランシエール、ジャック（1994＝1995）「歴史修正主義と現代のニヒリズム」、安川慶治訳、『現代思想』1995年4月号、青土社。

――――（1995＝2005）『不和あるいは了解なき了解：政治の哲学は可能か』、松葉祥一、大森秀臣、藤江成夫訳、インスクリプト。

――――（2004）「来日公演　文学の政治」、松葉祥一、大森秀臣訳、

『月刊百科』2004年4月号、平凡社。

――――（2005＝2008a）『民主主義への憎悪』、松葉祥一訳、インスクリプト。

――――（2005＝2008b）「デモクラシーというスキャンダル」、松葉祥一訳、『現代思想』2008年1月号、青土社。

――――（2007）Election et raison democratique http://multitudes. samizdat. net/Election-et-raison-democratique. html
ルフェーブル、アンリ（1968＝1969）『「五月革命」論』、筑摩書房。

ルフォール、クロード（1968＝1969）「新しい無秩序」、『学生コミューン（原題：裂け目）』所収、西川一郎訳、合同出版。

毎日新聞社編（1997）『20世紀年表』、毎日新聞社。

増田一夫（2006）「眼下の第三世界」、『現代思想　臨時増刊　フランス暴動』、青土社。

松本哉（2008a）『貧乏人の逆襲！：タダで生きる方法』、筑摩書房。

――――（2008b）『貧乏人大反乱：生きにくい世の中と楽しく闘う方法』、アスペクト。

道場親信（2008）『抵抗の同時代史：軍事化とネオリベラリズムに抗して』、人文書院。

ネグリ、アントニオ（2006＝2008）『未来派左翼：グローバル民主主義の可能性をさぐる　上・下』、ラフ・バルボラ・シェルジ編、廣瀬純訳、日本放送出版協会（NHKブックス）。

西山雄二（2007）『異議申し立てとしての文学：モーリス・ブランショにおける孤独、友愛、共同性』、御茶の水書房。

小熊英二（2007）「戦後日本の社会運動：歴史と現在」、『論座』2007年11月号。

小倉利丸（2007＝2008）「虚構の帝国を支えるG8サミット」、『徹底批判G8サミット』ATTACフランス編、コリン・コバヤシ、杉村昌昭訳、作品社。

――――（2008）「小倉利丸インタビュー『徹底批判　G８サミット』」、『図書新聞』2008年７月５日号。

大野和興（2007）「サルコジ改革に労働者が反乱フランスで大規模なストライキとデモ」

http://www. nikkanberita. com/read. cgi?id＝200710260125475
パラスト、グレッグ（2003＝2004）『金で買えるアメリカ民主主義』、貝塚泉、永峯涼訳、角川文庫。

酒井隆史（2001）『自由論：現在性の系譜学』、青土社。

渋谷望（2003）『魂の労働：ネオリベラリズムの権力論』、青土社。

重光哲明（2007）「「六八年五月を終わらせる」をめぐって：フェリックス・ガタリ没後一五年にあたって」、『情況』二〇〇七年七・八月号、情況出版。

杉村昌昭、長原豊（2007）「自由の新たな空間とは何か」「ガタリ＋ネグリ　『自由の新たな空間』」『情況』、二〇〇七年七・八月号、情況出版。

内野儀（2005）「「抵抗！」のために：アメリカの「一九六八年」をめぐるノート」、『1968』、絓秀実編、作品社。

上山和樹（2006）「異様に自由」http://d. hatena. ne. .jp/ueyamakzk/20060117#p２
若松孝二（2009）「それでも僕は、若い奴らを信じる」、DVD『実録・連合赤軍　あさま山荘への道程』付録の作品ガイドブック、CCRE 株式会社。

ウォリン、シェルドン・S（1989＝2006）『アメリカ憲法の呪縛』千葉眞、斎藤眞、山岡龍一、木部尚志訳、みすず書房。

四方田犬彦（2009）「無題」、DVD『実録・連合赤軍　あさま山荘への道程』付録の作品ガイドブック、CCRE 株式会社。

ズーラビクヴィリ、フランソワ（1998＝2006）「ドゥルーズと可能的なもの：政治における非主意主義について」、大山載吉訳、『VOL』１号、以文社。

著者略歴

和田伸一郎（わだ　しんいちろう）

1969年、神戸市生れ。京都大学大学院人間・環境学研究科博士課程修了。現在、中部大学人文学部専任講師。メディア論、哲学。

著書

『存在論的メディア論：ハイデガーとヴィリリオ』（新曜社、2004年）

『メディアと倫理：画面は慈悲なき世界を救済できるか』（NTT出版、2006年）

JIMBUN SHOIN Printed in Japan.

ISBN978-4-409-04097-3 C1010

民衆にとって政治とは何か

二〇〇九年七月一日　初版第一刷印刷

二〇〇九年七月一〇日　初版第一刷発行

著　者　和田伸一郎

発行者　渡辺博史

発行所　人文書院

〒六一二-八四四七

京都市伏見区竹田西内畑町九

電話〇七五（六〇三）一三四四

振替〇一〇〇〇-八-一一〇三

印刷　亜細亜印刷株式会社

製本　坂井製本所

装丁　戸塚泰雄

写真　福島菊次郎

乱丁・落丁本は小社送料負担にてお取替致します。

http://www.jimbunshoin.co.jp/